신앙의 육상경기

신앙의 육상경기

저자 **정승렬, 한기돈**

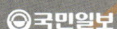

서문

    단편소설 '신앙의 육상 경기'의 첫 씨앗은 부평내과 원장이신 한기돈 장로님께서 건네주신 신학 자료에서 비롯되었습니다. 장로님의 자료는 이미 탄탄하게 정리되어 있었고, 그 안에는 신앙을 향한 깊은 통찰과 열정이 담겨 있었습니다. 그러나 그것을 소설로 옮겨내는 일은 결코 쉬운 길이 아니었습니다. 플롯을 잡는 순간마다 막연한 안갯속을 헤매는 듯했고, 방향을 잡지 못한 채 여러 번 시작하고 또 지워버리기를 반복했습니다. 창작의 압박 속에서 복통이 찾아올 만큼 고민도 깊었습니다.

사실 그 무렵 저는 다른 장편소설 집필에도 몰두하고 있었기에, 시간과 마음의 여유가 없었습니다. 하지만 한번 맡은 일은 반드시 마무리해야 한다는 제 성격상, 중도에 포기할 수는 없었습니다. 처음에는 현대적인 배경 속에서 신앙의 경주를 그려보려 했습니다. 모태신앙인이 범죄와 사기를 저지르다 회개하고 새 출발하는 이야기였지만, 쓰면 쓸수록 본질에서 멀어지고 있다는 생각이 들었습니다. 결국 그동안 쏟아부은 원고를 과감히 삭제하는 결정을 내렸습니다. 그 순간의 허무함과 당혹감은 이루 말할 수 없었습니다.

그러던 어느 주일 아침, 예배 시간에 목사님의 사도바울 설교를 들으며 제 마음속에 새로운 장면이 펼쳐졌습니다. 아테네에서 육체적·정신적으로 지친 몸을 이끌고 고린도로 들어서는 바울의 모습이 생생히 그려졌습니다. 온몸에 전율이 일었고, 예배를 마치자마자 집으로 돌아와 하나님께 간절히 기도했습니다. 그때 마음 깊은 곳에 성령님의 강한 음성이 들려왔습니다.

"신앙을 육상 경주에 비유한 사람이 누구냐?"
"사도바울입니다."
"그를 주인공으로 소설을 쓰거라."

그 순간 저는 주저하지 않고 순종하기로 했습니다. 그리고 놀랍게도, 그토록 막혀 있던 글이 거짓말처럼 풀리기 시작했습니다. 사도바울의 발자취를 좇으며 아테네와 고린도의 역사, 특히 거대한 경기장과 고대 경기대회에 관한 자료를 조사했고, 거기서 이 소설의 뼈대를 세웠습니다.

세상 사람들이 믿든 믿지 않든, 이 글은 제가 쓴 것이 아니라 하나님께서 인도하신 것이라 고백합니다. 마지막 장면에서 바울의 모습을 그릴 때, 제 눈가에 눈물이 맺혔습니다. 지난 1년간 창작의 고통은 컸지만, 바울의 신앙의 경주를 통해 저 역시 많은 것을 회개하며, 끝까지 달려야 한다는 다짐을 새겼습니다.

소설 집필의 기회를 주신 한기돈 장로님께 감사드리며, 묵묵히 응원해 준 가족들, 그리고 이 모든 영광을 받으시기에 합당하신 하나님께 깊이 감사드립니다.

이 책을 읽는 모든 분도 바울처럼 영원한 면류관을 향한 경주를 끝까지 달려가기를 바랍니다.

정승렬

존 번연은 〚천로역정〛을 통해 신앙의 여정을 순례자의 길로 표현했다. 순례자 크리스천이 멸망의 도시를 떠나 천성에 이르기까지의 여정은, 신앙 가운데 만나게 될 고난과 유혹, 영적 전쟁, 배신자, 동료, 그리고 회복을 생생하게 보여준다.

사도 바울은 고대 고린도에서 열렸던 이스미안 경기에 익숙한 고린도 성도들에게, 신앙을 마치 운동선수의 경주와 훈련, 그리고 승리를 위한 과정에 비유했다. 운동 경기를 하는 자가 규칙대로 하지 않으면 월계관을 얻을 수 없듯이(딤후 2:5), 신앙의 삶 또한 성경의 법칙을 따라야 한다.

신앙은 믿음과 회개로 출발하여, 결국 천국에 이르는 여정이다. 이 길은 많은 이들이 선택하는 넓고 평탄한 길이 아니라, 오히려 좁고 험한 길이기에 피하고 싶을 때도 많다. 그러므로 인내와 절제가 필수적이다. 운동선수가 상을 얻기 위해 훈련을 마다하지 않듯, 신앙의 여정에도 인내와 지속적인 집중이 요구된다.

바울은 경기를 통해 신앙의 기본 규칙과 방향, 시작과 목표, 잘못된 출발과 탈락, 포기하지 않는 인내, 그리고 영원한 생명의 상급을 우리에게 보여준다.

저자는 트랙 안에서 달리는 육상 경기를 묵상하던 중, 그 속에서 성경적 원리를 발견하게 되었고, 한 달간의 작업 끝에 그림으로 완성하였다. 과연 육상 경기에 신앙의 진수가 숨어 있을까? '신앙의 육상 경기'는 2025년 국민일보사에서 발간한 『지금, 모든 장소의 예배자(NEWper)』에 수록된 자료를 바탕으로 한다.

　이 자료를 깊이 묵상한 정승렬 작가에 의해, 마치 사도 바울이 어린이에게 신앙의 경주를 설명하듯 풀어낸 단편소설이 탄생하였다. 이 작품은 누구나 쉽게 이해할 수 있도록 구성되어, 원자료보다 더 친근하게 다가오면서, 깊은 설득력을 지닌다. 또한 이야기의 이해를 돕기 위해 AI로 제작한 삽화도 함께 수록하였다.

믿음으로 시작했지만, 사랑 없이 달릴 수는 없다.

　"믿음의 경주를 끝까지 달려가라"(딤후 4:7, 빌 3:13,14)는 바울의 권면은 단지 열심히 살라는 말이 아니라, 어떻게 살아야 하는지를 일깨워 주는 말씀이다.

　이 짧은 이야기에는, 성도가 그리스도를 따라 믿음으로 출발하여, 사랑으로 달리고, 긍휼의 발자국을 남기며, 마침내 소망을 향해 나아가는 여정이 담겨 있다. 그리고 그 여정은 곧 우리 모두의 이야기이다.

　책 표지에는 '예수'와 함께 달리는 '믿음'의 사람이 그려져 있다. 예수님과 그 사람의 발에는 'LOVE(사랑)'가 새겨져 있고, 그들이 남긴 발자국 위에는 'MERCY(긍휼, 자비)'라는 글자가 또렷하다. 그들이 달리는 트랙에는 'FAITH + LOVE(믿음+사랑)'가 선명히 쓰여 있으며, 그들이 향하는 결승선 위에는 'HOPE(소망)'라는 깃발이 펄럭이고 있다.

  이것이 바로 신앙의 본질이다. 믿음으로 시작하되, 사랑으로 달려야 하며, 그 발걸음에는 긍휼이 남아야 하고, 결국 소망에 이르러야 한다. 그리고 그 경주는 혼자가 아니다. 예수께서 우리와 함께 달려 주시며, 넘어질 때마다 다시 일으켜 주시고, 그 호흡을 우리와 나누어 주신다.

  이 단편소설이 신앙의 여정 속에서 '경주'의 의미를 새롭게 발견하고자 하는 이들에게 작은 등불이 되기를 바란다. 읽는 이의 마음에도 예수께서 남기신 사랑의 발자국이 선명히 새겨지기를 기도한다.

  믿음은 예수를 따르는 것이며,
  사랑은 예수의 명령을 따라 달리는 것이며,
  소망은 예수께서 기다리시는 결승선이다.

한 기 돈

차례

서문 / 4

신앙의 육상경기_사도 바울 이야기 / 12

프롤로그 / 14

1장 / 26

2장 / 36

3장 / 53

에필로그 / 104

신앙의 육상경기_달음질하는 그리스도인 / 114

신앙의 육상경기
사도 바울 이야기

정승렬

프롤로그

거친 파도가 배를 집어삼킬 듯 요동쳤다. 뱃머리에 선 사내의 초췌한 얼굴 위로 비바람이 사정없이 몰아쳤다. 지친 몸과 마음은 만신창이가 된 지 오래였다. 아테네에서의 사역은 기대만큼 결실을 보지 못했고, 그를 짓누르는 좌절감은 파도만큼이나 거대했다. 하지만 이대로 주저앉을 수는 없었다. 그의 발걸음은 이미 다음 목적지, 고린도를 향하고 있었다.

황혼이 깃든 고린도는 뜨거운 해무에 휩싸여 있었다. 바닷바람은 짠 내를 품고 거리를 헤집었고, 좁은 시장 골목에는 향료와 기름, 염색한 옷감과 상인들의 소리가 어지럽게 뒤섞였다. 이곳은 무역의 중심지이자 제국의 번영이 흘러드는 항구 도시였다. 하지만 그 풍요 뒤에는 다른 얼굴이 있었다. 거리 곳곳에는 아프로디테 여신을 기리는 작은 제단과 우상들이 세워져 있었고, 아크로고린도 언덕 위에는 황금으로 장식된 거대한 신전이 위용을 드러내고 있었다. 어둠이 내려앉자, 술집과 매음굴에서 흘러나오는 비명과 웃음소리가 도시 전체를 잠식했다.

퀴퀴한 항구의 냄새와 소란스러운 인파 속에서 사내의 눈은 갈 곳을 잃고 헤맸다. 그는 그저 하늘이 이끄는 대로 발길을 옮길 뿐이었다. 고린도의 거리는 활기로 가득했지만, 사내의 눈에는 모든 것이 뿌옇게 보였다. 북적이는 사람들, 요란한 상인들의 외침, 코를 찌르는 온갖 악취들. 정신없이 거리를 헤매던 그는 작은 천막 상점 앞에 멈춰 섰다. 낡았지만 튼튼해 보이는 천막들이 질서정연하게 쌓여 있었다. 그의 눈길을 사로잡은 것은 다름 아닌 천막을 만드는 재료들이었다. 올곧게 깎인 나무 기둥과 두툼한 천들. 익숙한 재료들이 그의 시선을 붙잡았다.

그는 잠시 잊고 있었던 자신의 경험을 떠올렸다. 복음 전도사역 외에도, 사내에게는 천막을 만드는 기술이 있었다. 어쩌면 이곳에서 그 손재주가 그의 생활을 지탱해 줄지도 모른다는 막연한 희망이 스쳐 지나갔다. 그는 조심스럽게 상점 안으로 발을 들였다.

내부는 어둠침침했고, 벽 한편엔 말린 가죽과 도구들이 정돈된 채 걸려 있었다. 구석진 곳에 한 남자가 낡은 작업대 위에서 능숙하게 가죽을 재단하고 있었다. 그의 곁에는 여인이 앉아 꼼꼼하게 가죽을 꿰매고 있었다.

사내는 조용히 그들의 작업을 지켜보았다. 남자는 검은색 곱슬머리에 다부진 체격을 가지고 있었고, 여인은 단정하게 묶은 머리에서 몇 가닥 흘러내린 머리카락을 귀 뒤로 넘기며 고도의 집중력

을 보였다. 이따금씩 짧은 대화를 주고받는 그들의 목소리에는 어딘가 모를 다정함이 배어 있었다.

때마침 인기척을 느낀 남자가 고개를 들었다. 그의 눈은 놀라움과 동시에 경계심을 담고 사내를 응시했다.

"무슨 일이십니까? 어떻게 으셨죠?"
남자의 낮고 굵은 목소리가 고요한 공간을 가르며 울렸다.

"우연히 이곳을 지나던 중, 문이 열린 걸 보고 들어왔습니다. 혹시… 일손이 필요하지 않으신지요?"
사내는 잔뜩 지친 어깨를 가누며 조심스럽게 말을 이었다.

남자의 눈썹이 살짝 올라갔다. 그는 여인과 눈빛을 교환했다. 여인의 눈빛은 남자의 눈빛만큼이나 깊은 생각에 잠겨 있는 듯 보였다. 잠시 침묵이 흘렀다. 그 침묵 속에서 사내는 자신의 운명이 이들의 손에 달려 있음을 직감했다.

"이런 일을 해보신 적이 있습니까?"
남자가 한참 만에 입을 열었다.

"네. 저도 천막을 좀 만들 줄 압니다. 어렸을 때부터 해오던 일이었으니까요."

"혹, 유대인이십니까?"

"예, 그렇습니다."

"정말 반갑군요. 저희도 유대 사람들입니다."
남자의 표정이 순간 환해졌다.

"우리는 브리스길라와 아굴라입니다."
여인이 먼저 나지막이 말했다.

여인의 피부는 창백할 만큼 고왔고, 옷차림에서는 로마 귀족 여성 특유의 기품이 배어 있었다.

"안녕하십니까, 저는 바울이라고 합니다. 길리기아 다소 출신이죠."
사내는 조심스럽게 이름과 출신지를 밝혔다.

그는 키가 크지 않았으나 다부진 체격을 지녔고, 짙은 눈썹 아래 자리 잡은 고요한 눈빛은 세상의 풍파를 견뎌온 자의 흔적을 담고 있었다. 햇볕에 그을린 피부와 거칠게 다듬어진 손등, 짧게 자른

머리칼은 긴 여정을 말해주었다. 그의 얼굴에는 고난 속에서 단련된 내면의 힘이 서려 있었다.

"사실 저희 부부도 로마에서 추방당해 이곳으로 왔습니다."
남자는 사내의 초라한 행색을 조심스럽게 훑어본 뒤 조용히 입을 열었다.

"로마 황제 클라우디우스가 유대인들을 마치 불청객 몰아내듯 내쫓고 있다고 들었습니다. 두 분도 그 광풍을 피할 수 없으셨겠군요."
바울은 조용히 말을 맺으며 두 사람을 안타깝게 바라보았다.

"외람된 말씀이지만... 얼핏 보기에도 고생을 많이 하신 것 같은데... 고린도에는 어떻게 오시게 되셨나요?"
브리스길라는 고개를 약간 숙이며 조심스레 물었다.

"실은 이곳에 오기 전까지 아테네에 있었습니다. 예수님에 대한 복음을 전하는 일을 하고 있었죠."
바울의 말투에는 피로가 스며 있었고, 눈빛엔 지나온 날들의 무게가 어렴풋이 담겨 있었다.

그 순간, 브리스길라와 아굴라는 놀란 듯 서로의 얼굴을 바라보았다.

"아니, 설마 당신이... 다메섹 도상에서 회심했던 그 바울이 맞습니까?"
아굴라는 한 발 앞으로 다가서며 사내를 뚫어지게 바라보았다.

"그렇소. 내가 바로 죄인 중의 괴수였던 사울이었고, 지금은 바울이라고 불리는 사람이오."
바울은 침착한 얼굴로 천천히 고개를 끄덕였다.

오래도록 짊어져 온 과거의 무게를 담담히 꺼내놓는 그의 표정엔, 더 이상 숨기거나 피할 수 없는 진실을 직면한 사람만의 평온함이 깃들어 있었다.

"오, 이럴 수가! 당신을 이곳에서 보게 될 줄은 몰랐어요. 선생의 명성은 익히 들어서 알고 있었습니다."
브리스길라는 흥분한 듯 얼굴이 붉게 상기되었다.

바울은 브리스길라의 말에 미소로 답했지만, 그 눈빛은 금세 흐려졌다. 잠시 말을 잃은 그는 천천히 의자 하나를 끌어와 조심스레 앉았다. 두 손을 무릎 위에 가지런히 올린 채 숨을 내쉬었다. 마음 속 깊은 곳에서 아직도 가시지 않은 어떤 아픔이 떠오르는 듯했다.

"아테네에서는…"
바울이 말을 멈추었다.

눈에 보이지 않는 어떤 기억이 그의 입술을 망설이게 했다.

"많이 힘드셨던 모양이군요."
아굴라가 조심스레 말을 건넸다.

"우상숭배야 두말할 것도 없고… 그 도시는 지혜와 철학으로 가득 차 있었지만, 정작 그들의 마음은 돌처럼 굳어 있었습니다. 내가 전한 부활의 소식은, 그들에게는 한낱 우화처럼 들렸던 모양입니다. 간절한 외침도, 그들의 냉소 앞에서는 허공에 흩어지고 말았지요."
그의 목소리에는 고단함이 묻어 있었다.

"참으로 안타까운 일입니다. 지혜를 사랑한다고 말하면서, 어찌 진리 앞에서는 그렇게도 눈을 감을 수 있을까요."
브리스길라가 살짝 눈썹을 찌푸렸다.

"그들은 자신들이 빚어낸 수많은 신들의 이름을 열거하면서도,

정작 살아 계신 하나님 앞에서는 끝내 침묵했습니다. 심판이 다가온다는 경고조차 그들의 귀에는 들리지 않았지요. 음란과 쾌락의 사슬에 자신을 묶어버린 사람들을 생각하면... 마음 깊은 곳이 아려옵니다."

바울은 조용히 고개를 숙였다.

그의 눈빛에 어린 깊은 고독은 브리스길라와 아굴라의 마음을 조용히 흔들었다. 낯선 땅에서 같은 유대인을 만나게 된 기묘한 인연. 그리고 그들 역시 자신처럼 삶의 고난을 겪고 있다는 동질감. 바울은 그 순간, 고린도에서 홀로 외로이 서 있던 자신이 드디어 기댈 곳을 찾았음을 깨달았다. 폭풍우 같던 그의 여정 속에서, 한 줄기 빛처럼 이들을 만나게 된 것이다.

1장

고린도의 아침은 언제나 분주했다. 해가 뜨기도 전에 항구에서는 짐꾼들의 고함이 오가고, 시장 골목에는 향신료와 비단을 실은 수레가 진흙탕을 가르며 지나갔다. 사방에서 몰려드는 상인들과 노예들, 그리고 이교 신전 앞에 모여든 이방인들의 웅성거림이 거리마다 넘쳐흘렀다. 그런 활기 속에서도, 오늘 아침의 바울은 유독 고요한 얼굴이었다.

그는 아침부터 고린도 남쪽 외곽에서 열린 이스미안 경기대회를 잠시 다녀왔다. 비록 올림픽만큼 성대한 대회는 아니었지만, 다양한 지역에서 온 선수들이 참가해 육상과 권투, 레슬링, 전차 경기 등을 벌이고 있었다. 바울은 관중석에서 경기장을 바라보며 오래도록 자리를 지켰다. 흙으로 다져진 육상 트랙에서 승리를 위해 치열하게 달리는 선수들, 넘어진 뒤 다시 일어나는 자, 포기하는 자, 환호와 야유가 뒤섞인 그 소란 속에서 그는 묘한 내면의 소리를 들었다.

'믿음의 경주도 저와 같겠구나.'

경기장을 떠난 바울은 평소보다 빠른 걸음으로 브리스길라와 아굴라의 집으로 향했다. 이 도시는 이제 낯설지 않았다. 어느 골

목으로 꺾어야 할지, 어떤 시간에 시장이 붐비는지, 신전의 종이 몇 번 울리면 저녁이 가까운지를 몸이 먼저 기억하고 있었다.

집 앞에 도착했을 때, 브리스길라가 바람에 펄럭이는 천막을 걷고 있었다. 바울의 발소리를 듣자 그녀가 얼굴을 들고 환하게 웃었다.

"바울 형제, 다녀오셨군요. 오늘 경기장은 어땠습니까?"

"뜨거운 열기로 가득했소. 달리는 이들마다 저마다의 방식으로 숨을 내쉬며 결승선을 향하더군요. 그 모습을 보며, 우리 믿음의 길도 다르지 않다는 생각이 들었소."

"경기를 보러 가셨다더니, 역시 그 안에서도 신앙의 중요한 의미를 발견하셨네요."
브리스길라가 활짝 웃으며 말했다.

그 웃음소리에 아굴라가 작업대에서 고개를 들었다. 손에 가죽을 들고 있었고, 마침 재단을 끝낸 참이었다.

"바울 형제, 오셨습니까. 점심은 좀 이르지만, 마침 빵이 구워졌습니다. 어서 안으로 들어오시죠."

"아굴라 형제, 그러잖아도 조금 전부터 배에서 꼬르륵 소리가 나고 있던 참이었소."

바울은 웃으며 고개를 끄덕이고, 익숙한 걸음으로 안으로 들어갔다.

실내는 익숙한 가죽 냄새와 함께, 막 구워낸 빵 냄새가 어우러져 포근한 온기를 풍기고 있었다. 벽에 걸린 수건에는 로마 문양이 정교하게 수놓아져 있었고, 창가 작은 탁자 위에는 파피루스 두루마리가 조심스럽게 펼쳐져 있었다. 예수님의 가르침이 또박또박 적힌 헬라어 글귀는 햇살을 받아 은은하게 빛났고, 바람이 불 때마다 살짝 들썩이며 조용한 숨결처럼 방 안을 감쌌다. 브리스길라와 아굴라, 두 사람의 삶은 그처럼 서로 다른 문화와 신앙의 배경이 어우러져 조화를 이루고 있었다.

"오늘 경기장에서 떠오른 말씀이 있었소. 그건 마치 망치로 머리를 한데 얻어맞은 것 같은 기분이었죠."

바울이 조심스럽게 입을 열었다.

"너무 궁금합니다. 어떤 말씀이지요?"

브리스길라가 궁금한 마음을 참지 못하여 물었다.

"운동장에서 달리기하는 자들이 모두 달리지만, 상을 받는 자는 오직 한 사람입니다. 이와 같이 여러분도 상을 받을 수 있도록 달려야 합니다."

"듣고 보니 정말 당연한 말씀입니다. 육상 경기에서 최종적으로 상을 받는 자는 하나이지요."
아굴라는 바울의 말을 들으며 고개를 끄덕였다.

바울이 잠시 숨을 골랐다. 그는 잠시 후에야 다시 말을 이었다.
"오늘 육상 트랙에서도 달리는 자들이 많았지만, 상을 받는 이는 단 한 사람뿐이었소. 그래서인지 모두가 그 상을 받기 위해 전력을 다해 달리더이다. 전력을 다하고, 고통을 참고, 깊은 숨을 몰아쉬면서 말이오. 하지만 안타깝게도 그들이 그렇게 애쓰는 것은 결국 시들어 버릴 월계관을 위한 것이니, 허망한 일이지요."

조용히 경청하던 브리스길라와 아굴라는 고개를 끄덕였다.

"하지만 우리는 다르오. 우리는 썩지 않을 상, 결코 사라지지 않을 영광을 바라보며 달려야 하오. 나 역시 목표 없이 달리거나, 허공을 치듯 싸우지 않으려 합니다. 복음을 전하는 자로서, 끝까지 믿음을 지키기 위해 내 몸을 단련하고 절제하는 삶을 택할 것이오."

그는 눈을 들어 두 사람을 바라보았다.

"오늘따라 유난히 바울 형제의 말씀이 가슴에 깊이 박히는군요. 우리도 그 경주에 함께 달릴 수 있기를 바랍니다."
브리스길라는 차분한 목소리로 말했다.

"내가 싸우는 이 경주는 그저 나를 위한 것이 아니라, 주님께서 맡기신 사명을 끝까지 완주하기 위한 길이지요. 그럼에도 내가 내 몸을 쳐서 주님의 명령에 복종하는 것은 내가 남들에게 복음을 전해 놓고, 정작 나 자신은 버림을 받는 일이 없도록 하기 위함입니다."
바울은 다정한 눈길로 두 사람을 바라보았다.

"이야기를 듣고 보니 머릿속으로는 참 쉬운 일인 것 같기도 하지만, 막상 현실에서 그 경주를 해 나간다는 것이 여간 힘든 일이 아니라는 생각이 드는군요. 저희 두 부부는 로마에서 쫓겨나 여기에 정착했지만, 그 과정이 결코 쉽지가 않았죠. 아는 사람도 하나 없었고, 가진 돈도 변변치 않았습니다. 복음을 전하며 산다는 게 생각만큼 호락호락하지 않다는 걸 뼈저리게 느꼈어요. 더더욱 바울 형제를 보고 있노라면 그 생각을 떨치기가 어렵습니다. 예수님께서는 분명 복음을 전하는 자들이 그 일로 먹고사는 것이 마땅하다고 하셨지만, 형제는 복음을 전하는 데 걸림돌이 되지 않으려고 그 권리조차 스스로 내려놓고 계시잖아요. 그러니까 이렇게 복음의 사각지대나 다름없는 이곳까지 와서 온몸으로 버티며 살아가고 계신 것이고요."

아굴라는 그동안 마음속 깊이 숨겨두었던 이야기를 조심스럽게, 그러나 멈추지 않고 꺼내놓았다.

"이거 왠지 제가 칭찬을 받기 위해 말을 꺼낸 것 같아 민망하지만 결코 그렇지 않습니다. 복음을 전한다고 해서 그것이 제게 자랑이 될 순 없소. 그건 제가 반드시 감당해야 할 사명이기 때문이지요. 오히려 복음을 전하지 않는다면 화를 피할 수 없다는 두려움마저 듭니다. 저는 더 많은 사람에게 예수님을 전할 수 있다면, 기꺼이 모든 사람의 종이 될 생각입니다. 복음의 사명자로서 모든 이와 함께 그 축복에 동참하는 것, 그것이 제 가장 간절한 바람이오."

바울은 두 손을 무릎 위에 조용히 내리며 말을 마쳤다.

그날의 식탁 위에는 말보다 더 깊은 교감이 흐르고 있었다. 접시 부딪히는 소리마저 사라진 적막 속에서, 언어는 잠시 자리를 내어주었고, 마음과 마음이 조용히 맞닿아 진심을 주고받았다. 눈빛은 한 점 흐트러짐 없는 등불처럼 서로의 믿음을 비추었다. 문밖으로는 고린도의 혼잡한 거리에서 터져 나오는 웃음소리와 노랫가락이 희미하게 들려왔지만, 이 집 안에서는 거룩한 정적이 층층이 내려앉아 복음의 향기를 조용히 퍼뜨리고 있었다.

그리고 그날 밤, 바울은 다시금 이 도시에 남아야 할 이유를 생각했다. 세상이 시끄러울수록, 복음은 더 낮은 목소리로 속삭여야 했다. 믿음의 경주는 누구에게나 열려 있으나, 끝까지 달리는 자만이 그 상을 얻는다는 진리를 그는 오늘 더 깊이 깨닫고 있었다.

2 장

차가운 지중해 바람이 고린도의 좁은 골목을 휘감았다. 이곳에는 하루가 멀다 하고 수많은 유대인이 정착하게 되었다. 로마에서 추방당한 이들이 새로운 삶의 터전을 찾아 모여들었고, 그렇게 형성된 거리는 어느새 북적이는 유대인 거리로 자리 잡았다. 그 거리 한편, 허름하지만 정돈된 천막 가게에서 사도 바울은 브리스길라와 아굴라 부부와 함께 분주히 손을 놀리고 있었다.

"이 천은 어제보다 좀 더 거칠군요."
아굴라가 천을 펼쳐 들며 말했다.

"그래도 버티긴 좋을 거요. 아마도 사막 한가운데서라면 말이지요."
바울이 웃으며 바늘에 실을 꿰었다.

창밖으로 아이들의 웃음소리가 들려오고, 유대인 상점가에서는 상인들의 외침이 이어졌다. 그 속에서도 세 사람은 침착하게 작업에 집중했다. 이 도시는 유대인들로 가득 찼고, 그들의 아이들 또한 골목마다 왁자지껄한 소리로 채워 넣고 있었다.

그러던 어느 날부터인가, 천막 가게를 찾는 손님들의 눈빛이 달라지기 시작했다. 단지 천막을 사러 온 이들이 아니라, 바울의 복음을 전하는 말 한마디에 걸음을 멈추는 이들이 늘어난 것이다.

"다윗의 자손이 오신다고 했던 그 말씀이, 설마 그 예수를 가리키는 겁니까?"
한 노인이 조심스럽게 물었다.

바울은 천을 접던 손을 멈췄다.
"예. 그는 죽음을 이기시고 부활하신 메시아요. 그분 안에서 율법과 예언이 완성되었소."

이야기를 들은 노인의 눈가가 젖었다. 어느새 가게 한구석에는 사람들이 둘러앉아 있었고, 그들의 표정은 갈급함으로 가득했다.

이후로도 사람들은 삼삼오오 모여들었다. 처음에는 몇몇이 귀를 기울이더니, 이내 숫자는 눈에 띄게 늘어났다. 브리스길라의 집 안에서는 밤늦도록 촛불이 꺼지지 않았다. 바울의 말은 단순한 설교가 아닌, 삶을 흔드는 말씀이었고, 사람들의 눈빛은 하루하루 바뀌어 갔다.

그러던 중, 바울은 더 많은 이들에게 복음을 전하고자 유대인의 회당으로 향했다. 처음 며칠 동안은 조용히 말씀을 전할 수 있었다. 하지만 곧, 율법에 갇힌 자들의 반발이 거세졌다.

"예수가 메시아라니! 이단이다! 저자가 유대인의 율법을 모독한다!"

비난과 위협이 쏟아졌고, 바울은 회당을 떠나야 했다. 그러나 그는 물러서지 않았다. 하나님을 경외하는 이방인, 디도 유스도의 집이 새로운 모임의 장소가 되었다. 회당 옆, 보잘것없는 집이었지만, 그곳에서 진정한 교회가 태동했다.

그날 이후, 바울은 디도 유스도의 집에서 말씀을 나누기 시작했다. 처음에는 소수였지만, 날이 갈수록 찾아오는 이들이 늘어났다. 천막 가게에서의 만남으로 시작된 작은 모임은 이제 고린도라는 도시 한복판에서, 교회라는 이름으로 뿌리를 내리고 있었다. 웅장하고 화려한 건물은 없었지만, 그들의 마음과 믿음은 단단한 반석 위에 세워져 가고 있었다.

한낮의 해가 고린도 거리를 뜨겁게 데우고 있었다. 시장통 어귀에서 향신료 가게를 운영하던 레위가 갑작스레 상점 밖으로 뛰쳐나왔다. 그의 얼굴은 벌겋게 달아올라 있었고, 손에는 계피와 정향이 담긴 자루가 들려 있었다.

"여호람! 이건 너무한 거 아니오? 어제까지만 해도 내 가게에 찾아와 뭐가 잘 팔리고 좋은지 꼬치꼬치 캐묻더니, 오늘은 그걸 똑같이 팔고 있잖소! 이게 이웃한테 할 짓이오?"

맞은편 가게에서 천을 걷어내고 막 장사를 시작하던 여호람이 눈을 치켜떴다. 그의 손에도 갓 포장된 향신료 꾸러미가 들려 있었다.

"왜, 시장에서 팔면 안 되는 물건이라도 있어요? 당신만 팔라는 법 있냐고?"

"아니, 그게 아니잖소! 그건 내 거래처 물건이고, 포장까지 흡사하게 따라 했잖소!"

두 사람의 목소리가 높아질수록, 주변 상인들과 아이들이 몰려들었다. 누구는 레위의 편을 들었고, 누구는 여호람이 오히려 억울하다고 말했다. 결국 두 사람은 서로에게 욕설을 퍼붓기 시작했고, 레위가 들고 있던 자루가 바닥에 떨어지며 향신료가 거리에 흩날렸다.

그때, 한 노파가 허둥지둥 뛰어왔다.

"바울 선생님을 좀 불러오게! 이러다 큰일 나겠어!"

얼마 지나지 않아, 바울이 아굴라와 함께 사람들 사이를 가르며 다가왔다. 그는 두 사람의 얼굴을 번갈아 살핀 뒤, 조용히 입을 열었다.
"두 분, 이렇게 다투는 모습이 이방인들 눈에 어떻게 비칠지 생각해 보셨습니까?"

레위가 헛기침을 하며 말했다.
"저 사람이 제 물건을 베껴 팔지 않았으면 이런 일도 없었을 겁니다."

"베끼긴 누가 베꼈다고 그래? 시장은 누구에게나 물건을 팔 자유가 있잖소."
여호람이 씩씩대며 반박했다.

바울은 잠시 침묵하다가, 두 사람 사이로 한 걸음 다가섰다. 그의 목소리는 낮았지만, 그 안에 담긴 무게는 거리의 소란을 누그러뜨리기에 충분했다.

"우리는 한 몸의 지체입니다. 그리스도 안에서 형제 된 이들이 서로 다투며 복음을 욕되게 해서는 안 됩니다. 주님께서 우리를 위해 기꺼이 모든 것을 내어주셨듯, 우리 또한 때로는 양보함으로써 주님을 드러내야 하지 않겠습니까?"

주변이 조용해졌다. 아이들의 웃음소리도, 상인들의 수군거림도 멎은 듯했다. 레위는 고개를 푹 숙였고, 여호람은 들고 있던 꾸러미를 천천히 내려놓았다.

"우리 모두 저녁에 유스도 형제의 집에 모이기로 했지요. 두 분도 꼭 함께해 주세요. 주님이 우리에게 어떤 말씀을 주시려는지 함께 들어봅시다."
아굴라가 뒤에서 조용히 말했다.

그날 저녁, 디도 유스도의 집에는 어제보다 많은 사람이 모여들었다. 바울은 천천히 입을 열며, 한낮의 소동을 가슴에 품은 채 다음과 같은 이야기를 꺼냈다.

"자, 형제자매 여러분! 잠시 저를 보십시오. 오늘 낮, 시장에서 있었던 다툼을 보신 분들이 계실 겁니다. 서로 똑같은 향신료와 물건을 팔면서 감정이 격해져 싸우던 두 형제의 모습은 우리에게 많은 것을 생각하게 합니다. 사랑하는 여러분, 신앙은 마치 육상 경기와 같습니다. 출발선에 서서 목표인 결승선을 향해 달려가는 것과 같죠. 우리는 각자 저마다의 속도와 방법으로 이 신앙의 경주를 달리고 있습니다. 때로는 숨이 턱까지 차오르고, 어떤 순간에는 넘어질 것 같은 위기에 직면하기도 합니다. 옆 사람을 앞지르기 위해 발버둥 치다가 넘어지기도 하고, 시기와 질투에 사로잡혀 에너지를 소모하기도 합니다. 하지만 기억하십시오. 이 경주에서 가장 중요한 것은 무엇보다 사랑입니다. 결승선에 도달하기 위해 다른 이들을 짓밟고 올라서는 것이 아니라, 서로 손을 잡고 함께 나아가는 것이야말로 진정한 승리입니다. 예수님께서 우리에게 주신 최고의 명령이 바로 이것 아니겠습니까? 네 이웃을 네 몸과 같이 사랑하라! 우리가 서로를 사랑할 때, 우리는 비로소 온전한 결승선에 도달할 수 있습니다. 미움과 다툼, 시기와 질투는 우리를 넘어뜨리고 경주를 포기하게 만들지만, 사랑은 우리에게 힘을 주고, 서로를 일으켜 세우며, 함께 나아가게 합니다. 우리가 서로를 향한 사랑으로 충만할 때, 이 경주는 비로소 아름다운 완주가 될 것입니다. 여러분, 이 말씀이 여러분의 마음에 깊이 새겨지기를 바랍니다."

바울의 말이 끝나자, 실내에 엄숙한 분위기가 감돌았다. 한참 동안 아무도 입을 열지 못했다. 그저 서로의 숨소리와 촛불이 일렁이는 소리만이 조용히 공간을 채웠다.

레위는 어깨를 움츠린 채 바닥만 바라보았고, 여호람은 손끝으로 무릎 위 옷자락을 조용히 비벼댔다. 방금 전까지만 해도 얼굴을 붉히며 고함을 질렀던 두 사람은, 이제 그 누구보다도 조용한 모습으로 앉아 있었다. 죄책감에 사로잡혀 고개를 들 순 없었지만, 그들의 가슴 속에는 무언가 복잡한 감정이 생겼다. 어린 시절부터 율법서를 통해 수없이 들어왔던 이웃을 사랑하라는 말씀이, 이제서야 뼛속까지 파고드는 느낌이었다.

브리스길라는 촉촉한 눈꺼풀을 닫은 채 길게 숨을 내쉬었다. 그녀의 입술 사이로 메마른 고백이 새어 나왔다.
"결승선이라... 저는 그저 남들보다 빨리, 남들보다 더 멀리 가는 것으로 생각했어요. 바울 형제님. 하지만 진짜 결승선은... 어쩌면 처음부터 제가 바라본 곳과는 전혀 다른 모양이었을 수도 있겠네요."

그녀의 시선이 바울에게 가닿았다. 그 눈빛은 이제 막 미로의 출구를 발견한 사람처럼 혼란스러우면서도 한편으로는 맑게 빛나고 있었다.

아굴라는 굳은 얼굴로 무릎 위에 깍지 낀 손을 내려다보았다. 그의 심장이 쿵, 하고 내려앉는 것 같았다.

"믿음이 경쟁이 아니라는 말… 제 심장을 꿰뚫는군요."

그는 쉰 목소리로 중얼거렸다. 그 말은 유스도의 집에 모인 모두에게 들리면서도, 동시에 오직 자신에게만 들리는 고백처럼 낮게 울렸다.

"누구를 앞서느냐가 아니라, 누굴 일으켜 세워주느냐가 중요한 거라니… 맙소사, 이 진리를 왜 이제야 알았을까."

그의 표정에는 뒤늦은 깨달음에서 오는 통한과 아쉬움이 뒤섞여 있었다.

한 노인은 눈시울을 붉혔다.

"나는 평생 내 옆 사람을 이기기 위해 살아왔습니다. 그런데 그게 아니었다니… 내가 잘못 달려온 걸까요? 내가 달려온 길을 돌아보니, 먼지뿐이더군요. 마치 끝나버린 경주를 혼자 계속 뛰고 있었던 것 같습니다."

바울은 미소 지으며 손을 들어 그를 말없이 축복했다. 그의 온화한 눈빛은 노인의 얼어붙은 마음에 조용히 스며들었다.

그때, 침묵을 깨고 여호람이 조심스레 손을 들었다. 그의 눈동자에는 망설임과 후회, 그리고 결심이 뒤섞여 있었다.

"바울 형제님… 오늘 낮에 있었던 일, 제 마음이 여전히 무겁습니다. 제가 레위 형제에게 너무 심하게 굴었습니다. 장사 문제로 화가 치밀었던 건 사실이지만, 지금 생각해 보면… 그 분노 뒤엔 제 교만이 숨어 있었던 것 같습니다. 제가 주님의 이름으로 달려야 할 경주를, 오히려 방해한 셈이 되었네요."

여호람의 고백에 방 안은 숨소리조차 삼켜지는 듯 조용해졌다. 사람들의 시선은 자연스럽게 레위에게로 향했다.

잠시 고개를 숙이고 있던 레위가 마침내 얼굴을 들었다. 그 눈빛에는 억울함이 아닌, 자책과 슬픔이 고스란히 어려 있었다.

"여호람 형제님… 저야말로 부끄럽습니다. 형제님을 경쟁자로 여기고, 같은 신앙 안에 있는 이를 시기하고 미워했습니다. 마음 한쪽엔 늘 불안이 있었고, 그게 결국 형제님께 상처가 되었겠지요. 저 역시 이 경주를 잊고 있었습니다. 함께 달려야 할 길을…"

레위는 자리에서 일어섰다. 그리고 서서히 여호람에게 다가가, 조심스럽게 손을 내밀었다.

"우리, 다시 시작합시다. 더 이상 서로를 원망하지 말고… 함께 주님께서 부르신 길을 달립시다. 서로 넘어지지 않게, 붙잡아주며 끝까지 갑시다."

여호람도 자리에서 일어나 그 손을 힘 있게 마주 잡았다. 마치 두 사람의 손 사이로 뜨거운 용서가 흐르는 듯했다. 그 순간, 유스도의 집 안에 모인 이들 사이에서는 안도의 한숨이 퍼져나갔다. 누군가는 입을 가린 채 눈물을 훔쳤고, 누군가는 고개를 끄덕이며 조용히 기도했다.

브리스길라는 눈시울을 붉힌 채 아굴라의 손을 꼭 잡았고, 아굴라는 가볍게 그녀의 어깨에 손을 얹으며 고개를 숙였다.

"지금… 이게 바로 복음의 능력이겠지요."
브리스길라가 낮은 목소리로 속삭이듯 말했다.

바울은 그 모든 장면을 묵묵히 지켜보다 조용히 자리에 앉았다. 그의 눈가에도 작은 빛이 어렸다. 이내 속으로 짧은 기도를 올리며 눈을 감았다.

'참으로 메마른 땅 같던 이 도시가, 이제 막 복음을 품기 시작했구나. 씨앗은 심겼으니, 황폐함 속에서도 주님의 놀라운 역사가 시작될 것을 믿는다. 이곳에 온전한 구원의 열매가 맺히는 것은 오직 주님의 은혜 덕분임을 나는 확신한다.'

3 장

늦봄의 햇살이 고린도 평원을 부드럽게 덮고 있었다. 바람은 지중해 쪽에서 불어와, 포도밭과 올리브 나무 사이를 산들산들 지나며 경기장 위로 맑은 하늘을 실어 나르고 있었다. 들판에는 야생화들이 피어 있었고, 저 멀리 이스트미아 경기장의 기둥과 관중석이 햇살에 반사되어 은빛으로 반짝이고 있었다.

모처럼 바울이 고린도 교회에서 함께 예배드리는 아이들과 이스트미아 경기장을 찾았다. 평소에도 바울을 잘 따르던 아이들은 이 나들이 소식에 아침부터 들떠 있었다. 아이들은 손에 손을 잡고 왁자지껄한 웃음소리를 흩뿌리며, 바울을 따라 신나게 경기장 안으로 들어섰다. 평소 같았으면 관중들의 함성이나 연습하는 선수들의 기합 소리가 가득했을 경기장은 오늘따라 조용하고 텅 비어 있었다. 대회가 열리지 않아 사람들의 발길이 끊긴 채, 거대한 트랙과 관중석만이 고요한 정적 속에 그 위엄을 간직한 듯 서 있었다. 그 적막은 오히려 경기장의 너른 품을 더 넓게 느껴지게 했다.

아이들은 넓은 경기장을 바라보며 마치 자신들이 경기에 출전하는 선수라도 된 듯 신이 나서 이리저리 뛰어다녔다. 트랙 위에 올라선 아이들은 달리기 시합을 하자며 서로를 부추기고 웃음을 터뜨렸다. 바울은 그런 모습을 흐뭇하게 바라보며 한쪽 그늘 아래 앉아 아이들의 모습을 지켜보았다. 그의 입가엔 따뜻한 미소가 번져 있었다.

잠시 후, 두 사내아이가 나란히 트랙 한쪽에 섰다. 출발 신호는 또 다른 아이가 맡았다.
"자, 내가 하나, 둘, 셋! 하면 출발하는 거야! 알았지?"
손을 들고 신호를 준비하던 아이는 양 눈을 동그랗게 뜨며 주위의 시선을 한 몸에 받았다. 살짝 굳은 표정 속에는 사뭇 진지한 긴장감이 서려 있었다. 마치 올림픽 심판이라도 된 듯, 등줄기에 땀이 맺히고 손끝까지 팽팽하게 힘이 들어갔다.

"하나, 둘...."

출발 신호가 채 끝나기도 전에 안쪽에 서 있던 아이가 먼저 튀어 나갔다. 뒤이어 바깥쪽 트랙에 있던 아이도 놀라듯 몸을 날려 뛰기 시작했다. 바깥쪽 트랙에서 달리던 아이는 키도 크고 균형감도 좋아서 금세 앞서 나가기 시작했다. 반면 안쪽 트랙을 달리던 키 작은 아이는 중반쯤 뒤처지자 눈치를 살폈다. 그러고는 갑자기 트랙 안쪽을 가로질러 지름길로 파고들었다. 곡선 트랙의 선을 무시

한 채 경기장을 횡단한 것이다. 당연히 먼저 결승선에 도착한 건 트랙을 이탈한 아이였다.

"내가 이겼다!"
그 아이는 두 팔을 번쩍 들어 올리며 외쳤다.

아이들 사이에서 웃음과 탄성이 터졌지만 곧 다른 아이들의 야유가 쏟아졌다.

"그건 부정 출발이야!"
"트랙을 벗어났잖아!"
"그건 이긴 게 아니야! 반칙이야!"

규칙을 무시한 채 먼저 들어온 아이는 잠시 얼어붙은 듯 서 있다가 이내 고개를 푹 숙이고는 바울이 있는 쪽으로 천천히 걸어왔다. 바깥 트랙에서 규칙대로 끝까지 달렸던 아이도 땀을 뻘뻘 흘리며 숨을 몰아쉬다 천천히 일행들이 있는 쪽으로 합류했다. 승자는 없었지만, 그들의 표정은 어떤 어른보다도 진지했고, 그들의 발걸음은 오늘의 배움이 남긴 무게만큼이나 조심스러워 보였다.

바울은 그들을 조용히 바라보다가 아이들을 모두 트랙 중앙으로 불렀다.

"얘들아, 아까 달린 그 모습이 혹시 무엇을 떠오르게 하니?"
바울은 미소를 지으며 입을 열었다.

아이들은 고개를 갸우뚱했다.

"하나님께서는 사람을 자신의 형상과 모양을 따라 창조하셨단다. 그리고 처음부터 우리에게 영원한 생명을 약속하셨어. 생명나무 열매를 먹게 하시면서 말이지. 그런데 단 하나, 먹지 말라고 하신 열매가 있었어. 그건 바로 선악을 알게 하는 나무의 열매였단다."

아이 중 몇몇은 아담과 하와 이야기를 떠올리며 고개를 끄덕였다.

"그 유명한 선악과나무 말씀이시죠?"
무리 중 한 여자아이가 손을 들고 질문했다.

"맞아, 그런데 아담은 그 명령을 어기고 그 열매를 먹었어. 그건 마치… 방금 우리가 본 것처럼 육상 경기에서 출발 신호를 무시하고 먼저 튀어 나간 부정 출발과 같단다."

바울의 말에 방금 먼저 달린 아이가 눈을 내리깔았다.

"부정 출발은 규칙을 깨는 거지. 아담도 그랬어. 하나님의 말씀에 불순종한 거야. 그 결과로 에덴동산에서 쫓겨났고, 사람에게는 영생이 아니라 사망이 찾아왔단다."

트랙 위의 아이들은 하나둘 바울의 말에 집중했다. 바울은 아이들의 눈을 차례로 바라보며 말을 이었다.
"하지만 그걸로 끝나지 않았단다. 하나님은 영생의 약속을 버리지 않으셨어. 예수님을 통해 다시 회복할 수 있도록 길을 열어주셨어. 예수님을 믿는 자는 죄에서 구원받고, 사망에서 생명으로 옮겨지는 거야. 하지만 여기서 멈추면 안 돼."

바울은 손가락으로 트랙 끝의 결승선을 가리켰다.
"우리는 여전히 이 경주를 달려가고 있어. 예수님을 믿고 구원받은 이후에도, 주님의 말씀에 순종하며 달려야 해. 그 끝에는, 하나님께서 준비하신 면류관, 곧 영생이 우리를 기다리고 있단다."

아이들은 침묵 속에 결승선을 바라보았다. 살짝 긴장한 얼굴들이었다. 바울의 말이 조금 어렵게 느껴졌지만, 그 안에 담긴 진정성은 아이들의 가슴을 조용히 두드리고 있었다.

바울은 조용히 그 모습을 보며 말했다.
"신앙의 경주는 오래 달려야 하는 경주야. 때로는 숨이 차오르고, 발걸음이 무거워질 때도 있겠지. 하지만 너무 걱정하지 마라. 우리에게는 이 길을 함께 걸어가는 든든한 형제자매가 있고, 무엇보다 우리 앞서 모든 어려움을 이겨내고 그 길을 걸어가신 주님이 계시니까."

잠시 정적이 흘렀다. 아이들 틈에서 고개를 푹 숙이고 있던 요람이 조심스럽게 두 손을 모으고 바울 앞으로 한 걸음 나섰다. 그의 작은 어깨가 미세하게 떨리고 있었다.

"바울 선생님…"

그의 목소리는 희미했지만, 그 속에는 진심 어린 후회와 떨림이 고스란히 담겨 있었다.

"제가 오늘 큰 잘못을 저질렀어요. 선생님 말씀도 제대로 듣지 않고, 그저 이기려고만 했어요. 그런 저를… 용서해 주세요."

아이들의 시선이 일제히 요람에게로 향했다. 몇몇은 그의 뜻밖의 고백에 놀란 듯 눈을 크게 떴고, 또 다른 아이들은 조용히 고개를 끄덕이며 그의 용기에 감탄하는 듯했다.

바울은 말없이 요람을 바라보았다. 이내 그의 얼굴에 따뜻한 미소가 번졌다. 그는 조심스럽게 요람의 작은 어깨에 손을 얹었다.

"요람아, 네가 이렇게 진심으로 잘못을 뉘우치고 주님 앞에 회개했으니, 그걸로 충분하단다. 주님께서 원하시는 건 한 번도 넘어지지 않는 사람이 아니야. 때로는 넘어지고, 실수할 수밖에 없는 우리지만, 다시 털고 일어나 주님을 바라보는 그 마음… 그게 바로 신앙의 진정한 출발선이란다."

요람의 눈시울이 붉어졌다. 그는 고개를 깊이 끄덕이며 바울의 말을 마음에 새기는 듯했다. 바울은 요람을 품에 꼭 안아주며 부드럽게 속삭였다.

"자, 이제부터는 너 혼자가 아니라, 주님이 늘 너와 함께 뛰신다는 것을 잊지 말거라. 그분은 언제나 곁에서 너의 숨소리를 들으시고, 넘어질 땐 일으켜 세우시는 분이란다. 잘 알겠지?"

"네, 바울 선생님… 명심할게요. 그런데요… 아담 한 사람이 잘못한 일이 이렇게까지 큰일인 줄은 몰랐어요. 한 번 먼저 달리기 시작한 것뿐인데… 그게 모두를 멈추게 했다는 게, 왠지 지금 제 이야기 같기도 해요."

요람은 고개를 끄덕이며 조심스럽게 아이들 쪽으로 시선을 옮겼다.

아이의 얼굴에는 아직 수줍음이 남아 있었지만, 그 안에는 방금 전과는 다른 무언가가 깃들어 있었다. 바울은 그 모습을 바라보며 작게 미소 지었다. 그것은 회개의 열매였고, 믿음의 첫걸음이었다.

바울은 요람의 등을 다독이며 조용히 말을 이었다.
"사실, 아주 오래전부터 우리 인간의 이야기는 한 번의 잘못된 출발로부터 시작되었단다. 하나님께서 처음 만드신 아담이, 주님의 말씀에 순종하지 못하고 금지된 열매를 따 먹은 그 순간부터였지. 마치 경주가 시작되기도 전에, 정해진 신호를 무시하고 먼저 달려버린 선수처럼 말이야."

아이들은 저마다 진지한 얼굴로 바울의 이야기에 귀를 기울였다. 누군가는 자신도 모르게 손가락을 맞잡았고, 누군가는 경기장의 트랙을 바라보며 그 상황을 머릿속으로 그려보았다.

"그 한 번의 불순종 때문에, 아담은 경주에서 탈락한 셈이었단다. 그리고 그 탈락은 단지 한 사람에게만 해당한 것이 아니라, 그 후손인 우리 모두에게 이어졌어. 영원히 살 수 있었던 생명의 약속이 끊어지고, 대신 죄와 죽음이 우리 삶 속에 들어오게 된 거지."

아이들 가운데서 탈락이라는 말에 입을 꾹 다무는 아이들도 있었다. 누가 잘못했는지보다, 우리 모두가 영향을 받았다는 사실이 어쩐지 무겁게 다가오는 듯했다.

"하지만 하나님은 정의로운 심판자이시면서도, 동시에 사랑의 아버지셨어. 그래서 그냥 포기하지 않으셨단다. 하나님은 다시 우리를 경주의 출발선에 세우기 위해, 그분의 아들 예수님을 이 땅에 보내셨지."

바울은 주변을 천천히 둘러보며 한 마디 한 마디에 힘을 실었다.

"예수님은 우리 대신 벌을 받으셨고, 죄의 무게를 짊어지셨어. 그래서 우리가 다시 출발할 수 있게 하셨단다. 아무도 자격이 없지만, 믿음으로 예수님을 영접하는 자는 누구든지 다시 시작할 수 있는 기회를 얻은 거야."

요람이 조용히 고개를 들었다. 아삽도 트랙 끝에 멈춰 서 있던 발을 한 걸음 뒤로 옮겼다. 그 순간, 마치 보이지 않는 무언가가 아이들의 마음속에서 스르륵 정리되는 듯했다.

바울은 부드럽게 덧붙였다.

"그래서 지금 너희는, 단순히 경기를 보고 있는 게 아니란다. 바로 이 순간, 너희 각자의 인생에서 출발 신호가 다시 울려 퍼지고 있는 거야."

바울은 아이들 앞에 서서, 두 손을 조심스럽게 모았다. 여전히 조용한 이스트미아 경기장의 트랙 위에서 바람은 가볍게 불고, 머리 위로는 따사로운 햇살이 부드럽게 내리쬐고 있었다.

"얘들아, 아까 요람이가 부정 출발을 했었지?"

아이들이 고개를 끄덕였다. 어떤 아이는 요람을 살짝 돌아보며 웃음을 터트리려다 바울의 진지한 표정을 보고는 입을 다물었다.

"경기 규칙을 어긴 선수는 어떻게 될까?"
"실격이에요!"
"그래, 맞아. 스스로는 다시 뛸 수 없지. 그런데 만약, 심판이 그 선수에게 다시 기회를 주겠다고 말한다면 어떨까?"

아이들의 눈이 커졌다. 상상도 못 한 이야기였다.

"진짜 그런 심판이 있나요?"

아삽이 눈을 반짝이며 물었다.

바울은 미소를 지으며 아이들의 눈을 하나하나 바라봤다.

"있단다. 바로 우리 하나님이 그런 분이시지. 하나님은 우리가 죄라는 반칙을 저질렀을 때, 그냥 벌만 주시는 분이 아니야. 아예 다시 출발할 기회를 주시지. 그런데 그 기회는 그냥 얻어지는 게 아니란다. 우리를 대신해서 벌을 받으신 분이 계시기 때문이지."

아이들의 눈동자가 깊어졌다. 그들은 바울의 말에 진심으로 귀를 기울이고 있었다.

"하나님은 아담의 불순종으로 인해 죄가 세상에 들어왔을 때도, 우리를 포기하지 않으셨어. 오히려 예수님을 이 땅에 보내셔서, 우리가 다시 경주를 시작할 수 있도록 해주셨단다."

요람이 조심스럽게 손을 들었다.

"그럼 예수님이, 우리가 반칙했을 때 대신 벌을 받은 거예요?"

바울은 고개를 끄덕였다.

"그래, 요람아. 예수님께서 십자가에서 마지막으로 하신 말씀, 다 이루었다는 말은 우리가 죄에서 벗어날 수 있도록 하나님께서 계획하신 구원이 완성되었다는 뜻이야."

아삽이 다시 물었다.
"그러면 예수님을 믿기만 하면 되는 거예요?"

"믿음으로 구원받는 것이 신앙의 시작이지, 마치 선수 번호표를 받아서 달리기 대회에 참가할 자격을 얻은 것과 같아."
바울은 천천히 말을 이었다.
"하지만 그다음이 중요하단다. 예수님께서 우리에게 주신 명령대로 살아가야 해. 사랑하고, 용서하고, 섬기고, 순종하는 삶. 만약 구원은 받았지만 계속해서 불순종한다면... 결국, 아담이 걸었던 그 길로 다시 돌아가게 되는 셈이야."

아이들 사이에 잠시 침묵이 흘렀다. 말없이 고개를 끄덕이는 아이들, 눈을 내리깔고 깊은 생각에 잠긴 아이들이 있었다. 그리고 그중 한 아이가 소곤소곤 말했다.
"그럼... 우리도 다시 시작할 수 있는 거네요?"

바울은 그 말에 미소 지으며 천천히 대답했다.

"그래, 누구든지 주님을 믿고 순종하면, 다시 출발선에 설 수 있어. 이번에는 실격이 아닌 완주의 기회가 주어진단다. 하나님은 우리 모두가 그 결승선을 통과하길 간절히 바라시니까."

아이들은 숨을 죽인 채 바울의 얼굴을 바라보았다.

"그러니까, 우리가 달려야 할 경주의 마지막 트랙은 구원의 결승선이란다."

바울은 손가락으로 트랙 끝에 놓인 금빛 화관 모형을 가리켰다. 아이들 사이에서 작은 탄성이 흘러나왔다.

"그런데 바울 선생님, 구원이 그냥 주어지는 건가요? 믿기만 하면요?"

가장 앞줄에 앉은 요한이 눈을 반짝이며 물었다.

"좋은 질문이구나, 요한아."

바울은 고개를 끄덕였다. 그러고는 그는 이해하기 쉽게 친절한 설명을 곁들였다.

"예수님께서 가르쳐주신 주기도문에 보면, 우리를 악에서 구하소서라고 하셨지. 그런데 어떤 사본엔 이렇게도 되어 있어. 악한 자에게서 구하소서. 바로... 마귀, 사탄 말이야."

아이들이 조금 긴장된 얼굴로 서로를 바라보았다.

"베드로 사도는 이렇게 말했단다. 믿음에 굳게 서서 마귀를 대적하라고. 그리고 야고보 사도는 하나님께 복종하면 마귀는 도망간다고 했지. 하나님께서는 이런 자, 바로 순종하는 자에게 말세에 나타날 구원, 그 결승선을 예비하셨어."

"그럼, 우리가 순종하지 않으면... 결승선에 못 가는 거예요?"
작은 목소리로 한 여자아이가 물었다.

"맞아. 예수님도 하나님의 아들이셨지만, 고난을 통해 순종을 배우셨고, 그 순종을 통해 구원의 근원이 되신 거야. 그러니 우리가 주님께 순종하지 않으면... 결승선은 멀어지겠지."
바울은 무게감 있는 눈빛으로 아이들을 바라보며 말을 이었다.
"마지막 심판의 날, 고소자는 사탄이야. 우리는 피고인이고, 재림하신 주님은 재판장이 되셔. 그분은 사랑의 계명, 곧 우리가 얼마나 서로 사랑하며 순종했는지를 기준으로 심판하실 거야."

"하지만 선생님, 우리가 끝까지 순종하면… 우리가 구원을 이룬 거예요? 우리 덕분인 건가요?"

아이의 목소리는 조심스러웠다.

바울은 그 질문을 기다리고 있었다는 듯 고개를 끄덕였다.

"그래, 아주 중요한 질문이야. 순종을 통해 구원에 이른다고 하니까 마치 우리가 무언가 해낸 것처럼 느껴질 수도 있지. 하지만 그렇지 않단다."

그는 천천히 아이들의 눈을 바라보며 말을 이었다.

"진리를 따라 순종한다는 건, 우리 스스로 의지를 내세워 이룬 게 아니야. 우리 안에 계신 성령께서 그렇게 이끌어 주시고, 순종할 힘을 주신 거지."

바울은 잠시 말을 멈췄다. 성령님께 의지하듯, 깊이 생각에 잠기던 그는 이내 무언가 떠오른 듯 조용히 입을 열었다.

"주님께서도 이렇게 말씀하셨어. 어떤 종이 주인의 명령을 다 행했다고 해서 칭찬을 바라는 건 옳지 않다고 말이야. 우리는 쓸모없는 종입니다. 마땅히 해야 할 일을 했을 뿐입니다. 이것이 순종한 이가 가져야 할 태도란다."

아이들 사이에서 작은 탄성이 새어 나왔다.

"그렇다고 순종이 별거 아니라는 건 아니야. 오히려 반대지. 순종하지 않는 건 주님의 명령을 거역하는 것이니까. 그건 죄야."

바울의 목소리가 조금 낮아졌다.

하지만 곧 따뜻한 빛이 감도는 어조로 말을 이었다.

"그러니 자랑할 것도 없고, 두려워할 것도 없어. 우리 안에 계신 성령께서 우리를 도우시기 때문에, 이 경주는 우리가 시작한 것도, 끝내는 것도 결국 하나님이 함께하시는 길이란다."

"선생님... 그럼 끝까지 갈 수 있겠죠? 성령님이 도와주시니까?"
한 아이가 조심스럽게 물었다.

바울은 조용히 고개를 끄덕였다.
"그렇단다. 포기하지 않는 한, 주님은 언제나 함께하셔. 그리고 그 결승선, 그 빛나는 구원의 면류관은 이미 우리를 위해 예비되어 있지."

"선생님, 구원은 한 번 받으면 끝나는 거예요?"
여자아이의 다소 직설적인 질문이었다.

바울은 오히려 반가운 듯 고개를 끄덕였다.
"그래, 바로 그걸 많은 사람이 오해한단다. 예수님을 믿는 순간 받는 구원이 있어. 그건 은혜로 주어진 것이고, 즉각적인 선물이야. 하지만..."

바울은 손을 들어 먼 결승선을 가리켰다.

"우리가 오늘 함께 보고 있는 이 트랙처럼, 그 선물로 인해 출발선에서 달리기 경기에 참가할 수 있는 거야. 결승선까지 달려가야 하는 또 다른 구원이 있는 거야."

아이들은 고개를 갸웃했다. 한 아이가 물었다.

"그럼… 두 개의 구원이 있다는 거예요?"

"정확히는, 믿음으로 죄로부터의 구원에서 신앙의 육상 경기는 시작하고, 그다음에 사랑의 계명에 순종함으로 마지막 때에 결승선에 나타나게 될 구원이라고 말할 수 있어. 이런 말씀이 있단다. 너희의 구원이 처음 믿을 때보다 가까웠다. 즉, 처음 믿을 때 구원을 받았지만, 지금 우리가 달리고 있는 그 경주에는 아직 도달하지 않은 구원이 기다리고 있는 거야."

바울은 잠시 말을 멈췄다. 성령님께 의지하듯, 깊이 생각에 잠기던 그는 이내 무언가 떠오른 듯 조용히 입을 열었다.

"하나님께 순종하지 않았던 이스라엘 백성들처럼, 명령을 거역한 자들은 결국 그분의 안식에 들어가지 못했지. 그래서 나도 늘 이렇게 권면한단다. 두렵고 떨림으로 너희 구원을 이루라. 그 구원은 하나님께 순종하는 자에게 완성되는 거니까 말이야."

"그럼 우리도... 구원을 이루어야 해요?"
또 다른 아이가 물었다.

"그래, 하지만 스스로 힘으로 이루는 게 아니란다. 성령께 순종하며 끝까지 달리는 거지. 예수님은 자기에게 순종하는 자들에게 영원한 구원을 주신다고 하셨어. 반대로, 순종하지 않는 자는 영생을 보지 못한다고도 말씀하셨고."

아이들 사이에 잠시 침묵이 흘렀다. 누군가가 작은 목소리로 말했다.
"결승선까지... 절대로 멈추면 안 되겠네요."

바울은 조용히 고개를 끄덕였다.
"맞아. 결승선에 도달한 자에게는, 주님께서 친히 씌워주시는 구원의 면류관이 기다리고 있으니까."

"선생님, 예수님을 믿기만 하면 바로 천국 가는 거 아닌가요?"
얼굴에 주근깨가 꺼뭇꺼뭇하게 난 아이의 질문은 어딘가에서 들어본 듯한 확신을 담고 있었다.

바울은 조용히 고개를 저었다.

"그렇게 생각하는 이들이 많지. 하지만 주님께서 말씀하시기를, 나더러 주여 주여 하는 자마다 다 천국에 들어갈 것이 아니요, 하늘에 계신 내 아버지의 뜻대로 행하는 자라야 들어가리라 하셨단다."

아이들의 표정이 굳어졌다.

다른 아이가 손을 들었다.
"그럼 믿는다고 말만 해서는… 소용이 없는 거예요?"

"믿음으로 구원을 받은 건 맞아. 그건 출발선에 선 거지. 하지만 아직 결승선을 통과한 건 아니란다."
바울은 아이들을 이끌고 트랙의 시작 지점을 가리켰다.

"여기, 이 자리가 바로 출발선이야. 믿음으로 구원받은 자는 이 자리까지 오게 된 거지. 하지만 문제는 여기서부터야. 어떤 사람은 믿는다고 말하면서도 주님이 주신 사랑의 명령을 외면한 채 자기 마음대로 트랙을 벗어나 버리지."

"그럼 그건 탈락이에요?"

키가 큰 남자아이가 그의 말이 끝나기가 무섭게 손을 번쩍 들고 질문을 했다.

아이의 물음에 바울은 잠시 침묵하다가 이내 부드럽게 고개를 끄덕였다.

"그래, 그건 불순종의 트랙이지. 아담이 그랬던 것처럼 말이야. 하나님을 믿는다고 말하면서도, 그분의 뜻에는 순종하지 않는 길이란다."

그는 트랙의 다른 쪽을 가리켰다.

"하지만 또 다른 이들은 구원의 출발선에 선 뒤, 주님의 명령에 순종하며 사랑을 실천하는 삶을 살기 시작하지. 이 트랙이 바로 순종의 트랙이야. 믿음으로 출발하고, 사랑으로 달리는 길이지."

"그러면... 주님은 어떤 사람을 기다리세요?"

또 다른 아이의 목소리가 작게 울렸다.

바울은 그 아이의 눈을 마주 보며 천천히 대답했다.

"아버지의 뜻대로 행하는 자, 바로 그 사람이 결승선을 통과하게 되겠지. 그에게는 구원의 면류관이 예비되어 있으니까."

빛이 바랜 리넨 튜닉을 입고, 허리끈을 단단히 졸라맨 소년이 아이들 사이에서 가장 나이가 많아 보였다. 그는 바울의 말에 눈길을 떼지 못하다가 조심스레 입을 열었다.

"선생님... 그냥 믿기만 하면 되는 거 아닌가요? 믿음만으로 다 된다고 배운 사람들도 있던데요."

바울은 조용히 고개를 저었다. 그러고는 잠시 말없이 트랙의 출발선을 손으로 가리켰다.

"믿음은 출발선이지. 그 자체로는 완전하지 않단다. 만일 사랑 없이 믿음만 가지고 달린다면... 그건 이미 잘못된 방향으로 출발한 것과 같아. 부정 출발, 아담이 그러했듯이."

바울의 말에 고운 곱슬머리를 뒤로 땋은 소녀가 고개를 갸웃했다.

"근데... 사랑 없이도 믿음이 크면 괜찮지 않나요? 산을 옮길 수만 있다면..."

"주님께서 말씀하시기를, 산을 옮길만한 믿음이 있어도 사랑이 없으면 아무것도 아니다. 또 네 몸을 불사르게 내어줄지라도 사랑이 없으면 아무 유익이 없다고 하셨지."

아이들 사이에 정적이 흘렀다.

작은 키에 짙은 눈썹을 가진 소년이 조심스레 물었다.
"그럼… 믿음만으로는 천국에 못 가는 거예요?"

바울은 미소를 지으며 고개를 끄덕였다.
"믿음은 시작이지. 주님은 서로 사랑하라는 새 계명을 주셨단다. 믿음으로 출발했으면, 사랑으로 달려야 해. 그래야 그분이 세우신 경기의 법대로 달리는 거야."

아이들 가운데 한 명이 흙먼지를 손끝으로 장난스레 만지작거리다 말고 작게 말했다.
"믿음에만 머무는 사람은… 앞이 안 보이는 거네요."

"그렇단다."
바울은 아이들의 얼굴을 하나하나 바라보았다.
"그건 근시안처럼, 아니면 전혀 앞을 못 보는 자처럼 달리는 거야. 그들은 자기 죄가 사라진 것도 잊어버린 사람들이지."

아이들은 약속이나 한 듯 조용히 고개를 끄덕였다.

바울은 트랙의 한 지점을 가리켰다. 붉은 선이 그어져 있는 출발 지점 바로 옆에, 다른 색의 선이 더해져 있었다.

"이곳이 바로 새로운 출발선이란다."

눈동자가 맑은 소녀가 손을 들었다.
"선생님, 출발선이 두 개예요?"

"그래. 하나는 믿음만으로 출발하는 이들이 서는 자리야. 겉보기엔 출발선이지만, 사랑이 없는 믿음은 곧 불순종이지. 그래서 그 길은 아담이 걸었던 길처럼, 결국 빗나가게 돼."

바울은 조용히 고개를 돌렸다.

"하지만 여기에 있는 또 다른 출발선은 믿음과 사랑에 순종하는 자들이 서는 자리란다. 이 길은 주님께서 우리에게 가르쳐주신 진짜 출발이야."

조용히 바울을 바라보던 소년이 조심스럽게 물었다.
"하나님을 사랑하면... 계명을 지켜야 하는 거죠?"

바울은 부드럽게 고개를 끄덕이며 말했다.
"그렇단다. 하나님을 사랑하는 자는 그분의 명령을 지켜. 이스라엘 백성에게도 주님은 반복해서 이렇게 말씀하셨지. 내 명령을 지키라. 나를 사랑하면 내 계명을 지킬 것이다. 주님께서도 아버지의 명령을 지키심으로 사랑을 드러내셨단다."

햇살이 트랙 위에 번져 있었다. 바울은 아이들을 향해 손을 뻗었다.
"그래서 우리의 출발은 믿음과 사랑으로 시작해야 해. 주님은 이렇게 말씀하셨지. 하나님의 계명은, 그 아들 예수 그리스도의 이름을 믿고, 또 우리에게 주신 계명대로 서로 사랑하는 것이다."

아이들은 고개를 끄덕였다. 이제 그들 앞에는 믿음과 사랑으로 출발하는 새로운 길이 또렷이 열리고 있었다. 바울은 아이들을 바라보다가, 다시 한 걸음 앞으로 나섰다. 그의 손끝이 다음 구간을 가리켰다.

바울은 트랙 옆에 조용히 멈춰 섰다. 그의 시선은 트랙 밖, 먼 바깥쪽을 향해 있었다.
"얘들아, 이 트랙에 서지 못한 사람들도 많단다."

아이들이 일제히 고개를 돌렸다. 그들 중 키가 작은 소녀가 물

었다.

"그건... 아직 예수님을 모르는 사람들인가요?"

"맞아."

바울은 고개를 끄덕였다.

"아직 예수를 알지 못하고 살아가는 아담의 후손들, 또는 예수님을 믿다가 신앙을 버리고 트랙에서 이탈한 사람들도 있지."

긴 속눈썹을 가진 소년이 조용히 말했다.

"선생님… 그런 사람들도 다시 뛸 수 있나요?"

바울의 눈빛이 깊어졌다.

"그래서 우리가 복음을 전하고, 선교하고, 전도하는 것이란다. 그들을 출발선으로 인도하는 것, 그게 우리가 해야 할 일이야."

바울은 트랙의 첫 구간을 가리켰다.

"하지만… 단순히 출발선에 선다고 끝난 게 아니야. 믿음만 있고 사랑이 없다면, 그건 예수님이 주신 새 규칙을 따르지 않는 것이야. 그건 불순종 트랙, 잘못된 출발이지."

한 아이가 작게 중얼거렸다.

"그럼 처음부터 믿음이랑 사랑을 같이 갖고 있어야 하네요."

"그래. 처음부터 새 규칙에 순종해야 해. 회개란 말로만 하는 게 아니야. 삶이 달라져야지. 순종으로 바뀌어야 진짜 회개란다."

바울은 손에 들고 있던 두루마리를 천천히 폈다. 그가 낮은 목소리로 한 구절을 읊조렸다.

"오라, 우리가 여호와께로 돌아가자. 여호와께서 우리를 찢으셨으나 도로 낫게 하실 것이요, 우리를 치셨으나 싸매어 주실 것이라…"

아이들은 조용히 숨을 죽였다.

바울은 한 장을 넘기며 이어 말했다.
"여호와께서 이틀 후에 우리를 살리시며, 셋째 날에 우리를 일으키시리니… 우리가 그의 앞에서 살리라."
그의 음성은 마치 새벽안개처럼 맑고 조용하면서도 힘이 있었다.
"그러므로 우리가 여호와를 알자. 힘써 여호와를 알자. 그의 나타나심은 새벽빛같이 어김없나니…"
바울은 눈을 들어 아이들을 바라보았다.
"그분은 돌아오는 자를 결코 외면하지 않으신단다. 우리의 삶이 순종으로 바뀌기만 한다면, 다시 그분 앞에 설 수 있어. 트랙에서 이탈한 자도, 아직 출발하지 못한 자도."

아이들의 눈빛이 조금씩 달라지고 있었다. 이제 그들의 마음에도 누군가를 다시 트랙으로 인도하고 싶은 마음이 피어오르고 있었다.

바울은 잠시 말을 멈췄다. 아이들의 눈빛은 이미 바뀌어 있었다. 그러나 그들 안에 남아 있는 입술의 회개와 행동의 순종 사이의 거리를 바울은 꿰뚫고 있었다.

"예전어 이스라엘 백성들도 그랬단다. 여호와께 돌아가자! 회복이 있을 것이다! 그렇게 외쳤어."

검은 눈동자의 소년이 고개를 끄덕이며 말했다.

"호세아 예언자도 그랬죠. 하나님께서 우리를 치셨지만 다시 살리신다고요."

바울은 잔잔히 미소 지었다. 그러나 곧 의미심장한 눈빛으로 말을 이었다.

"그래. 그들은 회복을 외쳤지. 하지만 회개는 없었어. 죄를 고백하지도 않았고, 삶도 바꾸지 않았단다. 입으로는 하나님을 알자, 힘써 알자고 외쳤지만... 그들의 마음은 아침 안개 같았고, 이슬처럼 사라졌지."

바울은 손에 쥔 두루마리를 펴고 조용히 읊조렸다.

"내가 바라는 것은 변함없는 사랑이지, 제사가 아니다. 불살라 바치는 제사보다는, 너희가 나 하나님을 알기를 더 바란다."

한 소녀가 조용히 속삭였다.

"제사보다... 사랑이요?"

"그래."

바울은 고개를 끄덕이며 트랙을 향해 한 걸음 다가섰다.

"이제 우리가 달릴 순종 트랙에서는 주님께서 주신 사랑의 계명이 이 경기의 새로운 규칙이 되었단다. 사랑은 율법의 완성이며, 믿음으로 율법을 폐하는 것이 아니라, 도리어 그 사랑의 계명을 지켜야 하는 것이지."

조용히 듣고 있던 곱슬머리 소년이 물었다.

"저기, 저도 질문이 있어요. 만일 사랑이 없으면, 잘 달려도 탈락이에요?"

바울은 다정한 눈빛으로 답했다.

"그래. 믿음과 사랑을 함께 연합시켜야 해. 그게 순종 트랙의 시작점이자, 결승선까지 달릴 수 있는 유일한 길이란다."

아이들의 눈은 일제히 트랙을 따라 멀리 이어진 끝을 바라보고 있었다.

바울은 천천히 손을 뻗어 그 끝을 가리켰다.
"얘들아, 이 경주에는 결승선이 있어. 그리고 그 결승선은 단순한 끝이 아니란다."

긴 머리를 단정히 땋은 소녀가 물었다.
"결승선 너머에 뭐가 있어요?"

바울은 그 질문을 기다렸다는 듯 조용히 말했다.
"주님의 재림, 죽은 자들의 부활, 그리고 마지막 심판과 영생. 그것이 우리가 바라봐야 할 결승선, 곧 신앙의 목적지란다."

아이들의 얼굴이 하나같이 진지해졌다. 그 말이 너무 무겁게 들려서가 아니라, 처음 들어보는 명확함 때문이었다.

"나는 믿음을 가지고 달리고 있지만…"

바울은 고개를 들어 아이들을 둘러보며 말했다.

"어디로 달려가는지 모른다면, 그건 헛된 경주야. 고린도 교회에도 이렇게 말했었지. 나는 목표 없는 싸움을 하지 않는다. 허공을 치는 싸움은 하지 않는다."

단정한 키톤을 입은 소년이 주먹을 꼭 쥐고 말했다.
"그러면... 지금 우리는 결승선을 알고 있는 거죠?"

"그래. 그게 얼마나 큰 은혜인지 아니?"
바울의 음성이 더 낮고 깊어졌다.
"세상에는 미혹하는 자들이 많아서, 재림이나 심판을 말하면 종말론자라고 조롱받기도 해. 심지어 교회 안에서도 결승선을 가르치지 않지. 결국, 방향을 잃고 출발선에만 머무르게 되는 거야."

그 말에 아이들 모두가 조용해졌다.

"얘들아, 출발선에 서 있는 것만으로는 결승선에 갈 수 없어. 믿음은 출발이야. 사랑의 행위, 곧 자비를 실천하며 달릴 때만 결승선에 도달할 수 있는 거란다."

"근데 선생님..."

작은 소녀가 손을 들었다.

"그런 걸 하면 믿음을 가진 사람 중에도 율법주의자라고 욕하는 사람들도 있어요."

"그건 거짓된 말이야."

바울은 단호하게 말했다.

"믿음으로 시작한 자는 반드시 사랑으로 완성해야 해. 약속을 지키는 것, 자비를 베푸는 것, 그게 바로 믿음을 온전하게 만드는 길이야."

아이들은 잠시 당황해하는 빛이 스치다가 서로 얼굴을 바라보며 고개를 끄덕였다.

바울은 트랙 옆의 흙바닥에 작은 선을 그으며 말했다.

"아무리 빨리 달려도, 방향이 틀리면 실격이야. 하나님께서 우리를 위해 예비하신 면류관은 바로 이 방향 끝에 있어."

그는 천천히 결승선 너머를 바라보았다.

"욕망을 절제하며 달리는 훈련, 그게 신앙이야. 이 땅에서의 훈련이 끝날 때, 우린 썩지 않는 면류관을 얻게 될 거야."

아이들은 결승선을 향해 이어진 붉은 트랙을 한동안 바라보았다. 조용한 바람이 일렁이는 가운데, 바울이 다시 입을 열었다.

"얘들아, 경기를 뛰기 전에 가장 먼저 뭘 해야 할까?"

작은 체구의 소년이 손을 들었다.

"달리기 연습이요?"

바울이 고개를 끄덕였다.

"맞아. 기초 체력부터 길러야 해. 그리고 달리다 보면 돌부리나 웅덩이 같은 장애물도 나타날 수 있어. 암, 넘어질 수 있지. 그런데 중요한 건, 넘어진 후에 다시 일어서는 거야."

아이들 사이에서 장난기 많은 얼굴을 한 소년이 말없이 고개를 끄덕였다. 그는 이전에 육상 시합에서 넘어졌던 기억을 떠올린 듯했다.

"하지만…"
바울의 목소리가 낮아졌다.
"순종의 트랙이 아닌 다른 트랙으로 벗어나면 어떻게 될까?"

조용히 듣고 있던 한 소녀가 조심스럽게 대답했다.
"실격이에요?"

"그래. 아주 정확하구나."
바울은 트랙 가장자리를 손으로 쓸어내리며 말했다.
"처음 출발할 때 불순종하는 자에겐 다시 뛸 기회가 있어. 하지만 달리는 도중에 트랙을 벗어나 불순종의 길을 택한 자는, 마지막 심판에서 영원히 탈락하게 되지."

아이들은 이내 굳은 표정이 되었다.

바울은 그들을 바라보며 말했다.
"지금까지 잘 달려왔다고 해서 끝까지 잘 달리는 건 아니야. 갈라디아 교회에도 말했었지. 너희가 잘 달리더니, 누가 너희를 막아 진리를 따르지 못하게 하더냐?"
그의 눈빛은 아이들 하나하나를 지나며 한층 깊어졌다.
"진리를 따르지 않는 자는 더 이상 하나님의 자녀가 아니야. 사탄은 아담을 미혹하여 불순종하게 했고, 지금도 믿는 자들을 교묘하게 속여 믿음만 있으면 사랑도 따라온다는 거짓을 퍼뜨리지."
바울은 트랙 중앙에 한 발을 내디뎠다.

"성경은 말하지. 믿음은 그의 행함과 함께 일하고, 사랑의 행함으로 완전해진다. 그러니 우리도 훈련해야 해. 장애물을 넘는 법도, 방향을 지키는 법도. 그래야 결승선까지 도달할 수 있으니까. 여기에서 말하는 행함은 마지막 때 심판의 근거가 되는 행위를 말하는 거란다."

그 말에 아이 중 한 명이 다시 물었다.
"선생님... 달리다가 만약 넘어지면 어떡하죠? 너무 많이 넘어졌을 땐..."

바울은 조용히 미소 지으며 말했다.
"주님은 넘어진 자를 향해 기다리시는 분이란다. 다시 일어설 용기만 있다면, 경주는 끝난 게 아니야."

바울은 아이들의 시선을 천천히 훑으며 다시 한 걸음 앞으로 나섰다. 햇살이 트랙 가장자리의 흙먼지를 따라 일렁이고, 멀리서 바람이 불어와 아이들의 머리카락을 스치듯 흔들었다.

"얘들아, 겉모습이 우리를 구원해 주는 건 아니야. 할례를 받았든 받지 않았든, 예수님 안에서는 오직 사랑으로 일하는 믿음이 중요하단다. 그게 우리가 걸어야 할 길의 시작이지."

아이 중 하나가 조용히 중얼거렸다.
"저기... 솔직히 저는 믿음만 있으면 된다고 평소 부모님한테 배웠거든요."

바울은 고개를 천천히 저었다.
"믿음은 씨앗과 같아. 그냥 땅에 묻어만 놓으면 열매를 맺지 못하지. 믿음 위에 덕을 더해야 하고, 그 덕 위에 지식을 쌓고..."
그의 말은 마치 정돈된 계단처럼 또렷하게 이어졌다.
"지식 위에는 절제가 필요하고, 절제엔 인내를. 인내 위엔 경건, 경건 다음엔 형제 사랑, 그리고 그 끝엔... 사랑을 더해야 해."

조그만 소녀가 숨죽인 듯한 목소리로 말했다.
"그럼 그걸 다 하면, 하나님 나라에 들어갈 수 있어요?"

바울은 아이의 물음에 미소를 지으며, 하늘을 잠시 올려다보았다.
"그래. 그렇게 자란 믿음은, 하나님의 성품에 참여하는 것이란다. 그 길 끝엔 영원한 나라의 문이 기다리고 있지. 그런데..."

그의 얼굴이 다시 무거워졌다. 공기 속에 잠시 긴장감이 감돌았고, 트랙 끝자락에서 흙먼지가 작게 일어났다.

"예수님을 믿는다고 말하면서도 일부러 죄를 지으면, 그건 주님의 은혜를 가볍게 여기는 일이야.

죄를 지을 계획을 하면서 믿음에 머무는 건, 주님을 다시 십자가에 못 박는 것과 같지. 그러니 타락하면 회개할 기회를 잃을 수 있어."

아이 중 하나가 고개를 떨구었다. 그러자 바울은 조용히 그 어깨에 손을 얹었다.

"우리는 달리고 있는 중이야. 그렇기에 항상 돌아봐야 해. 지금 내가 뛰고 있는 길이… 주님이 보여주신 순종의 트랙인지, 아니면 미끄러져 들어간 불순종의 트랙인지."

그의 말은 출발선 너머로 이어지는 긴 트랙 위로 흘러갔고, 아이들의 눈빛은 다시 결승선을 향해 모였다.

바울은 한 손으로 이마의 땀을 닦았다. 따사로운 햇살이 트랙 위로 기울며, 아이들 얼굴에 긴 그림자가 드리워졌다. 아이들은 눈을 반짝이며 바울의 말을 기다리고 있었다. 이미 시작된 설명은 점점 깊어지고 있었고, 그들의 눈빛에는 이전과는 다른 각오가 피어나고 있었다.

"애들아, 하나님께서 처음에는 직접 심판하셨어. 그러나 지금은, 모든 심판을 아들에게 맡기셨단다. 마지막 날, 의로우신 심판장 되신 예수님께서 이 경주의 끝에서 우리를 심판하시지. 그분은 새 계명을 따라 달린 자에게 의의 면류관을 주실 거야."

아이 중 누군가 작게 속삭였다.
"바울 선생님, 그 면류관 꼭 받고 싶어요."

바울은 부드럽게 고개를 끄덕이며, 아이들이 서 있는 트랙 끝을 또다시 가리켰다.
"처음 달릴 땐 괜찮지. 숨도 차지 않고, 다리도 가볍고, 마음도 붕 떠 있거든. 하지만 결승선이 가까워질수록 더 힘들어져. 숨이 가빠지고, 다리가 무거워지고, 옆에서 포기하라고 속삭이는 소리도 들리지."

아이들 사이에서 침묵이 흘렀다. 바람이 한 줄기 스쳐 지나가며, 누군가의 흙 묻은 발자국 위에 작은 먼지를 얹었다.

"그럴 때 기억해. 그건 오히려 결승선이 가까워졌다는 증거란다. 그때야말로 남은 힘을 다해, 마지막 한 걸음을 내디뎌야 해."

소년 하나가 조심스럽게 물었다.
"그런데... 그 결승선에서 누가 우릴 기다리고 있나요?"

바울은 깊은 눈빛으로 그 아이를 바라보며 말했다.
"주님이시지. 고난 속에서도 믿음을 지킨 자를, 사랑으로 달린 자를 기다리시는 분이야. 그리고 그분은 말씀하셨지. 예수님의 이름 때문에 세상 모든 민족에게 미움을 받게 될 거라고. 그런 고난은... 복이란다."

아이들의 눈에 놀람이 떠올랐다. 고난이 복이라니, 그건 익숙하지 않은 진리였다.

"주님께서는 이렇게 말씀하셨어. 의를 위해 박해를 받은 사람은 복이 있나니... 천국이 그들의 것이라. 그리고... 그리스도의 이름으로 치욕을 당한 자는 복 있는 사람이야. 그건... 하늘의 상급을 받을 만한 자격이 있다는 뜻이거든."

아이 중 한 명이 바닥을 내려다보았다가, 천천히 고개를 들었다.
"그럼 고난이 있는 사람만, 진짜 신앙인이에요?"

바울은 잠시 말없이 트랙 너머 하늘을 바라보다가 천천히 고개를 끄덕였다.
"그래, 고난은 주님이 주신 훈장과도 같아. 그건 주님께서 우리를 인정하셨다는 증거지. 그러나 만일, 주님의 이름으로 살고 있는데도 어떤 핍박도 없다면... 그건 우리의 신앙을 돌아봐야 할 때란다."

아이들의 눈빛은 점점 깊어지고 있었다.

바울은 손에 들고 있던 두루마리를 천천히 말아 쥐며, 부드러운 눈길로 아이들을 바라보았다.
"사랑의 계명을 따라 달리는 자는 결국 면류관을 얻게 된단다. 영원한 구원이란 건, 먼 훗날 어딘가에 숨겨진 보물이 아니야. 그것은 지금도 우리를 향해 열려 있고, 말세에 나타나기로 예비된 것이지."

그 순간 경기장 위로 바람이 한 줄기 불어왔다. 먼지가 가볍게 흩날리며 출발선을 스쳐 지나가고, 멀리 결승선 너머에 놓인 월계관 모형의 윤곽이 은은한 빛에 반짝였다. 그때 아이 중 한 명이 입을 열었다.

"선생님! 궁금한 게 있어요. 믿음으로 구원받은 사람은 죽음을 두려워하지 않아도 되는 건가요?"

바울은 의미심장한 눈빛으로 고개를 끄덕이며 조용히 말했다.
"그렇단다. 믿음으로 사망에서 벗어나 생명을 얻었기에, 우리에겐 영생의 약속이 주어졌지. 하지만 그 이후에는 사랑의 명령에 순종하는 삶이 필요해. 믿음에서 출발한 자라면, 반드시 사랑으로 그 길을 달려야 하는 법이지."

아이들 사이에 잠시 고요한 적막이 흘렀다. 하지만 그 고요함은 멈춤이 아니라, 내면에서 무언가 꿈틀거리기 시작한 침묵이었다. 바울의 목소리는 다시 이어졌다.
"그리고 기억하렴. 주님을 증언하다 고난을 당한 자는 첫째 부활에 참여하게 될 것이다. 죽음은 끝이 아니라, 부활의 문이지. 마지막 때에 우리에게 닥칠 고난은 저주가 아니라 복이란다."

아이들 가운데 한 소녀가 입을 벌렸다. 큰 눈망울에 무엇인가 불

타는 듯한 빛이 일렁이고 있었다.

"저기... 예수님은 언제 다시 오세요? 우리가 살아 있을 때 오실 수도 있어요?"

바울은 그 아이의 눈을 잠시 바라보다가, 결승선을 향해 시선을 돌렸다. 그리고 말없이 하늘을 가리켰다.

"그 시기는 아무도 알 수 없지. 그러나 주님은 이렇게 말씀하셨단다. 내가 속히 오리라. 어떤 이에게는 십 년 후일 수도 있고, 또 어떤 이에게는 오늘일 수도 있어. 그래서 우리는 늘 오늘이라는 시간 속에서 주님을 만날 준비를 하고 있어야 해."

하늘에서 햇살이 길게 드리워졌고, 아이들의 그림자는 트랙 위로 길게 뻗었다. 그들의 마음에도 결승선을 향한 긴 그림자가 드리워지고 있었다.

때마침 몇몇 사람들이 경기장 안으로 걸어 들어왔다. 땀이 맺힌 얼굴로 숨을 고르며 주변을 둘러보던 그들의 눈길이, 바울과 아이들이 모여 있는 중앙으로 천천히 향했다. 그 모습을 바라보던 바울의 목소리가 다시 잔잔히 흐르기 시작했다.

"너희는 혹시, 죽음이 끝이라고 생각하니? 아니란다. 주님의 재림 때, 예수 안에서 잠자는 자들이 먼저 일어나게 될 거야. 그리고 그들이 살아 있을 때 행한 일들에 따라 각기 다른 부활을 맞이하게 되겠지."

아이 중 몇몇은 긴장한 눈빛으로 서로를 바라보았다.

"주님은 이렇게 말씀하셨어. 선을 행한 자는 생명의 부활로, 악을 행한 자는 정죄의 부활로 나오리라."
바울은 아이들의 눈을 바라보며 한 단어씩 또박또박 말했다.
"그 말은, 죽음 이후에도 우리의 삶과 행위는 반드시 심판을 받게 된다는 뜻이지."

한 소년이 조용히 물었다.
"예수님을 믿는 사람은 무조건 천국에 가는 거 아니에요?"

바울은 고개를 천천히 저었다.
"주님의 명령에 순종하지 않는다면, 믿는다고 말만 해도 천국에 들어갈 수는 없단다. 주여 주여 한다고 해서 다 천국에 들어가는 게 아니요, 하늘에 계신 아버지의 뜻대로 행하는 자라야 들어가리

라. 주님은 그렇게 말씀하셨지."

그 순간, 구름 사이로 햇살 한 줄기가 뚫고 내려와 아이들의 머리 위로 부드럽게 내리쬐었다. 바울은 그 빛을 바라보며 다시 입을 열었다.

"심판 날에는, 양과 염소처럼 나뉠 거야. 자비를 베푼 자들은 주님의 오른편에서 영생에 들어가지만, 자비를 외면한 자들은 왼편에서 영벌에 이르게 되지. 우리가 서로를 위해 어떤 마음을 품었는지, 그 사랑과 자비가 바로 심판의 기준이 될 거란다."

아이 중 가장 작은 체구의 소녀가 수줍게 손을 들었다.
"그렇다면... 복음을 전하다가 죽은 사람들은요?"

바울의 눈빛이 잠시 흐려졌다. 그러나 곧 낮은 목소리로 이어 말했다.
"그들은 첫째 부활에 참여하게 될 거야. 다시는 죽음을 겪지 않고, 둘째 사망도 그들을 해할 수 없지. 그들은 죽음을 두려워하지 않고 주님의 이름을 증언했기에, 그 이름으로 영원한 생명을 얻게 된단다."

한순간, 아이들 사이로 알 수 없는 전율이 스쳐 지나갔다. 누군가 조용히 숨을 들이켰고, 또 누군가는 눈을 감았다. 부는 바람은 이전보다 더 따스하게 그들의 뺨을 스치고 지나갔다.

"애들아, 신앙의 육상 경기를 시작한 우리 각자는 지금 어느 위치에 있는지 스스로 돌아보아야 한단다. 출발선에만 머무르며, 믿음에 의한 구원만을 강조하는 것에 안주해서는 안 되지. 주님께서 주신 계명에 순종하며, 사랑의 행함으로 결승선을 향해 달려가야 한단다. 비록 중간에 넘어진다 해도, 순종의 트랙에서 벗어나지 말고 다시 일어서서 끝까지 달려야 해."

바울의 눈빛이 조금 더 깊어졌다.

"나는 나에게 주어진 길을 다 달리기까지, 주 예수께 받은 사명… 곧 하나님의 은혜의 복음을 증언하는 일을 이루기 전까지는, 내 생명이 조금도 아깝지 않단다. 그래서 지금까지도 선한 싸움을 싸우며, 믿음을 지키고, 주님이 주신 사랑의 계명에 순종하려 애써왔지. 그게 바로 내가 달리는 이유야."

아이 중 몇몇은 손에 쥐고 있던 돌멩이를 내려놓고, 눈을 반짝이며 바울을 바라보았다. 막연하던 말들이 이 순간 가슴속에 깊숙이 스며드는 듯했다.

그는 숨을 고르듯 짧은 침묵을 가진 뒤 말을 이었다.

"사실 나도 늘 조심한단다. 혹시라도 내가 전한 복음을 받아들인 이들이 믿음과 사랑으로 순종 트랙을 잘 달려가고 있는데, 정작 내가 그 트랙에서 벗어나 버린다면... 얼마나 부끄럽고 두려운 일이겠니. 그래서 나는 내 몸을 쳐서 복종시키며, 중도 탈락하지 않으려 끝까지 경주하고 있어. 이것이 내가 완주하고자 하는 신앙의 경주란다."

아이들 사이에 조용한 숨소리만이 흐르고 있었다. 작은 새가 어딘가에서 날아오르는 소리가 멀리서 들렸다.

바울은 다시 아이들을 바라보며 말을 이었다.

"애들아, 주님은 단지 주여, 주여 한다고 해서 누구나 천국에 들어갈 수 있다고 하시지 않으셨단다. 하늘에 계신 아버지의 뜻대로 행해야 한다고 하셨어. 어떤 사람들은 자기들이 주님의 이름으로 귀신도 쫓아내고, 능력도 행했다고 말할 테지만, 주님은 나는 너희를 도무지 알지 못한다고 하시며, 불법을 행한 자라고 하실 거야. 주님은 사랑하라는 새 계명을 우리에게 주셨어. 이 계명을 따라 순종하며 살아가는 자, 아버지의 뜻대로 사는 자가 바로 천국에 들어가는 거란다."

작은 소녀 하나가 바울의 말에 고개를 끄덕였다. 그 눈에는 진지함이 서려 있었고, 손끝은 살짝 떨리고 있었다.

"하나님의 약속에서 멀어져 있던 사람들에게 전도하고, 선교하고, 복음을 전하는 것은 참 중요한 일이야. 하지만 그와 동시에 꼭 가르쳐야 할 것이 있단다. 바로, 주님의 명령대로 사랑을 실천하는 자만이 하늘나라에 들어간다는 사실이야. 순종의 길을 따라 끝까지 달려갈 때, 우리는 마지막 때에 나타나기로 예비하신 구원과 마주하게 될 거야. 그리고 그 결승선 너머에서, 영원 전부터 약속된 영생을 회복하게 될 거란다."

해가 지평선 가까이 내려앉자, 바람이 경기장 한쪽으로 길게 흐르듯 지나갔다. 먼 하늘은 점점 붉게 물들었고, 아이들의 얼굴에도 작은 결심 같은 표정이 어렸다.

바울은 아이들을 한 명 한 명 바라보며, 조용히 마지막 말을 건넸다.

"얘들아, 나는 언제나 신앙의 길을 달리는 나 자신을 경주하는 선수에 비유하곤 한단다. 왜냐하면 이 길의 끝에는... 의로우신 재판장이신 주님께서 썩지 않을 면류관을 준비해 두고 계시기 때문이야. 우리는 눈에 보이는 것만을 따라가는 사람이 아니라, 보이지 않는 것을 믿고 바라보는 사람들이란다. 보이는 것은 잠깐이지만, 보이지 않는 것은 영원하기 때문이지. 그러니 제발 기억해 주렴. 지금 너희가 걷고 있는 이 길이 아무리 힘하고 지쳐도, 하나님께서 약속하신 영생의 소망을 붙들고, 각자에게 주어진 그 길을 성실하게... 끝까지 달려가야 해. 포기하지 말고, 돌아서지 말고. 그 결승선 끝에서 주님께서 너희를 기다리고 계신단다."

그의 말이 끝나자, 아이들 사이에 조용한 침묵이 흘렀다. 누군가는 두 손을 모아 눈을 감았고, 또 다른 누군가는 하늘을 올려다보았다. 가슴 어딘가가 뜨거워지는 듯한 느낌이, 설명할 수 없는 울림처럼 번져나갔다.

저녁노을이 트랙 위로 천천히 내려앉고 있었다. 붉은빛이 아이들의 어깨를 감싸 안고, 부드러운 바람이 지나가며 살며시 머리카락을 흔들었다. 경기장의 한쪽 끝에 남은 빛줄기가 길게 드리워졌고, 그 빛은 마치 어딘가 결승선을 향해 이끌고 있는 듯했다.

바울은 조용히 미소 지으며 아이들을 바라보았다. 그의 눈빛은 멀리, 보이지 않는 영원의 길 너머를 향하고 있었다.

에필로그

어느새 서편 하늘은 노을빛으로 물들고 있었다. 해는 뉘엿뉘엿 지평선 아래로 내려가며, 이스트미아 경기장의 그림자도 점점 길어지고 있었다.

바울은 아이들과 함께 경기장을 빠져나오고 있었다. 아이들의 얼굴은 흥분과 기쁨으로 달아올라 있었다.

"신앙의 육상 경기라니, 진짜 멋있지 않아?"
"결승선은 면류관을 주시는 주님 앞이라니, 너무 감동이었어."
"나는 중간에 넘어진다고 해도 다시 일어날 거야. 바울 선생님처럼!"

아이들은 서로 이야기를 주고받으며, 흙먼지 날리는 길을 뛰듯 걷고 있었다. 그들의 웃음소리에 이따금 지나가던 장사꾼들이 돌아볼 정도였다. 해가 지고 있는 고린도 시내는 더욱 분주해졌고, 시장 골목은 어김없이 사람들로 북적였다.

바울은 아이들을 보내고 혼자 남아, 재촉하듯 발걸음을 옮겼다. 천막 가게 쪽에서 웅성거리는 소리가 들렸기 때문이다.

가게 앞에 선 여인의 뒷모습이 눈에 들어왔다. 바울은 발을 멈췄다.

"브리스길라 자매님?"

여인이 돌아보았다. 바울을 본 브리스길라의 얼굴에는 반가움이 번졌다.

"바울 형제! 아니 아이들과 이렇게 오랜 시간을 보내고 오실 줄은 몰랐어요."

"그런데... 가게 안이 제법 시끄럽군요. 무슨 문제가 생긴 건 아닙니까?"
바울의 눈썹이 살짝 올라갔다.

"문제라니요? 오히려 반대예요."
브리스길라는 입가에 웃음을 머금으며 고개를 저었다.

"반대라고요? 무슨 일인지 귀띔이라도 좀 해주시겠습니까?"
바울의 호기심은 점점 깊어졌다.

"일단 안으로 들어가 보세요. 직접 보셔야 알 수 있을 거예요."
브리스길라는 장난스레 눈짓했다.

바울은 천막 안으로 발을 들였다. 그 안에서 아굴라가 반갑게 손을 흔들었다.

"어서 오세요, 바울 형제! 오늘 정말 놀라운 손님들이 찾아오셨습니다."

그의 말이 끝나자마자, 안쪽에 앉아 있던 두 사람이 자리에서 일어났다. 그들은 뒤를 돌아보며 환한 얼굴로 바울을 향해 다가왔다.

"오 이럴 수가... 실라 형제! 디모데!"
바울의 목소리는 놀라움과 기쁨이 뒤섞여 떨렸다. 그는 두 팔을 벌려 그들을 껴안았다.

"바울 형제님, 이렇게 다시 뵙게 되다니 감개무량합니다!"
실라가 눈가를 훔치며 말했다.

"선생님, 저 디모데예요! 정말... 보고 싶었습니다."

디모데는 마치 오랜만에 아버지를 만난 듯, 바울의 품에 얼굴을 묻었다.

바울은 조용히 디모데의 등을 토닥이며 말했다.

"그래... 잘 자라주었구나. 주님께서 너를 통해 큰일을 이루실 줄 나는 알고 있었단다."

그때, 브리스길라가 차를 들고 들어왔다. 그녀는 이 감격적인 상봉의 장면을 지켜보며 조용히 웃었다.

"이렇게 세 분이 고린도에 모이신 걸 보니, 뭔가 놀라운 일이 일어날 것 같은 예감이 드는걸요."

아굴라도 고개를 끄덕이며 말했다.

"바울 형제님과 함께했던 빌립보와 데살로니가, 베뢰아의 사역이 떠오릅니다. 정말 눈물과 기도로 가득했던 시간이었죠. 그런데 이렇게 다시 함께 모이게 되다니... 주님은 참 신실하십니다."

실라가 결국 울음을 참지 못하고 눈물을 흘렸다.

"실라 형제… 이런 기쁜 날에 우시는 건 반칙 아닙니까? 저까지 따라 울 것 같습니다."

바울은 웃으며 눈시울을 훔쳤다.

그날 저녁, 고린도의 작은 천막 가게 안에서는 주님의 이름이 높이 불리워졌고, 그들 모두가 다시 한번 사명을 다짐했다. 바울의 눈빛은 깊고 평화로웠다. 마치 그가 바라보는 곳에는, 이미 썩지 않을 면류관이 환하게 빛나고 있는 듯했다.

천막 가게 안은 깊은 적막에 잠겨 있었다. 실라와 디모데, 브리스길라와 아굴라 부부는 하루의 여정을 마치고 모두 단잠에 빠져 있었다. 바울은 살며시 몸을 일으켰다. 조용히 바깥으로 발을 내딛자, 차가운 새벽 공기가 얼굴을 스치고 지나갔다. 하늘은 아직 어둠에 잠겨 있었지만, 동쪽 끝자락엔 희미한 여명이 스며들고 있었다. 고요 속에 별빛은 더 선명했고, 바울은 잠시 그 하늘을 올려다보았다.

그는 눈을 감은 채 조용히 입술을 열었다.
"나는 이제... 나의 달려갈 길을 마쳐가고 있구나. 주님께 받은 그 은혜의 복음을 증언하기 위해, 내 생명도 조금도 아깝지 않았노라. 이제 또다시 몇 명의 아이들이 이 경주에 함께 서게 되었으니, 이 또한 얼마나 큰 은혜인가. 사랑으로, 순종으로 끝까지 달려가기를... 그리고 언젠가 그 면류관 앞에서 모두가 다시 만나기를."

그는 숨을 길게 들이마셨다. 새벽 공기의 신선함이 마음을 차분히 적셔왔다.

잠시 뒤, 바울은 조용히 가게 안으로 발걸음을 옮겼다. 하늘엔 어느새 어슴푸레한 빛이 번지고 있었다. 긴 어둠을 지나, 또 하나의 날이 시작되고 있었다.

신앙의 육상경기
달음질하는 그리스도인

한기돈

사도 바울은 신앙의 여정을 운동장에서 달음박질하는 경주에 비유했다. 육상경기를 통해 기독교 신앙을 점검하고, 현재 각자의 신앙을 점검해 보라. 비유는 성경적인 관점에서 진리를 쉽게 이해하도록 돕고, 이를 실제적으로 신앙에 적용하는 데 유용한 통찰을 제공한다.

"섬김의 본을 보이신 예수님을 따라 신앙 생활을 점검하는 계기가 되게 하시고, 마지막 결승선을 통과할 때까지 유종의 미를 거두도록 성령 하나님께서 인도하여 주옵소서."

사도 바울은 고린도 교회에 보낸 편지에서, 예수 그리스도의 사도로서 자신이 행한 사역의 결과가 고린도 교회 성도들이라고 밝히며, 사도로서 당연히 받을 권리를 주장하지 않았다. 신령한 하나님의 말씀을 전함으로써 당연히 받아야 할 보수를 요구하지도 않았다. 주님께서 복음을 전하는 사람들은 복음을 전하는 일로 먹을 것을 받는 것이 합당하다고 하셨지만(마 10:10), 바울은 그리스도의 복음을 전하는 데 방해가 되지 않도록, 권리를 행사하지 않고 모든 것을 참았다. 바울은 복음을 전한다고 해서 그것이 자랑거리가 될 수 없음을 알았다. 그것은 바울이 해야 할 사명이었기 때문에, 오히려 복음을 전하지 않으면 화가 미칠 것이라고 여겼다. 그는 복음을 전하기 위해 더 많은 사람을 얻으려고 스스로 모든 사람에게 종이 되었다. 복음의 사명자로서 모든 사람과 함께 복음의 축복에 동참하고자 했다(고전 9:1-23).

바울은 기독교 신앙을 경기장에서 달리기하는 사람에 비유하면서 신앙의 진리를 이해하도록 돕고자 했다. 운동장에서 달리기를 할 때 오직 한 사람이 상을 받는 것처럼, 성도들도 상을 받기 위해 힘껏 달려야 한다. 사람들은 경기를 이기기 위해 모든 일에 절제를 하지만, 결국 썩어 없어질 월계관을 얻으려고 애쓰는 것이다. 그러나 그리스도인은 썩지 않을 월계관을 얻기 위해 경주해야 하며, 경기를 하되 목표 없이 달리지 않고, 허공을 치듯이 권투하지 말아야 한다. 또한 성도들이 바라는 것은 썩을 것이 아닌 불멸의 상이어야 한다. 바울이 자신의 몸을 단련하여 경주를 하는 이유는, 하나님의 복음을 전한 후에 버림받는 가련한 신세가 되지 않으려는 것이었다(고전 9:24-27).

다음 그림은 신앙의 육상경기에 대한 것으로, 성경의 내용을 달리기 경기에 적용하여 이해를 돕기 위해 상황에 따라 ❶번에서 ❿번까지 번호를 붙였다. 경기를 시작하면서 부정 출발하는 ❶불순종과, 달리는 도중에 다른 트랙으로 넘어가는 ❷불순종의 상황을 구별하여 번호를 매겼다. 구원에 대해서도 <u>믿음으로 얻는 ①구원</u>(엡 2:8-9)과, 순종으로 이르는 말세에 예비된 ②구원(빌 2:12, 벧전 1:5)을 다른 번호로 구분하였다. 이 그림은 비유적인 내용을 시각화한 것이므로, 모든 상황이 실제와 일치하지 않을 수 있다. 그러나 운동 경기를 규칙대로 하지 않으면 월계관을 얻을 수 없으므로(딤후 2:5), 육상경기의 일반적인 규칙과 성경적인 교훈을 비교하고 적용함으로 기독교 신앙을 돌아보고 검토해 볼 가치가 있다고 생각한다.

하나님께서는 자신의 형상과 모양을 닮은 사람을 창조하시고, 영원 전부터 약속하신 영생(딛 1:2)을 주시기 위해 생명 나무의 열매를 먹게 하셨다(창 3:22). 그러나 하나님께서는 에덴 동산 가운데 있는 선악을 알게 하는 나무의 열매는 먹지 말라고 명령하셨다. 아담은 그 열매를 먹음으로써 하나님의 명령에 불순종하는 죄를 지었고, 하나님은 그를 에덴 동산에서 쫓아내셨다(창 3:22-24). 그 결과 최초의 인간 아담에게 있던 영생은 사라지고, 대신 사망이 들어왔다. 아담의 죄로 인해 사망이 세상에 들어왔고, 모든 사람은 죄인이 되었으며 사망이 모든 사람에게 이르게 되었다(롬 5:12).

아담의 죄는 불순종이었으며, 이는 마치 육상경기에서 출발 신호를 따르지 않은 부정 출발과 같았다(그림❶). 아담에게 있던 영생은 사라지고 사망이 들어왔지만, 하나님께서는 영생의 약속을 폐하지 않으시고 이를 회복할 계획을 세우셨다. 예수를 영접하여 죄에서 구원받은 자는 사망에서 생명을 얻게 되고(요 20:31), 이후 예수의 명령에 순종함으로 생명에서 영생으로 나아가야 한다(요일 5:13). 신앙의 육상 경기에서 승리한 자가 받을 월계관은 바로 '영생'이다.

하나님께서는 불순종(❶)의 죄를 지은 인류의 대표자 아담에게 유죄 판결을 내리셨고, 그 결과 아담의 모든 후손은 죄인이 되어 영생 대신 사망을 맞이하는 탈락자(the losers)가 되었다(그림❷). 아담의 불순종으로 인해 모든 인간은 원죄로 말미암아 영생의 약속에서 멀어지게 되었다.

육상 경기를 진행하면서 최종 승리자를 선언하는 사람은 심판(the judge)이다. 하나님은 의로우신 재판장(the righteous Judge)으로서 규칙에 따라 공정하게 심판하신다(시 7:11). 그러나 부정 출발한 자들을 구원하시기 위해 하나님께서는 아들 예수께 그들의 죄를 대신 짊어지게 하셨다. 예수를 믿음으로 영접한 자들에게는 다시 출발할 기회가 주어졌다.

믿음에 의한 구원(①)은 죄에서의 구원(마 1:21)을 의미하며, 이는 오직 하나님의 은혜로 믿음을 통해 받는 것이다(엡 2:8). 부정출발이라는 반칙을 저지른 선수는 스스로 자신의 잘못을 돌이켜 경기를 다시 시작할 수 없으며, 오직 심판(the Judge)만이 그를 구제할 권한을 가진다. 의로우신 재판장이신 하나님은 믿음으로 구원받은 사람에게 다시 경기에 참여할 기회를 주신 것이다.

하나님께서 아들을 세상에 보내신 목적은 세상을 심판(난외주 '정죄')하려는 것이 아니라 아들을 통해 세상을 구원하려는 것이었다(요 3:17). 그러나 이 구절에서의 '심판'은 영어로 condemnation(정죄)이며, 이는 'judgment'(심판)로 번역된 데서 생긴 오역이다. 결국 하나님께서 아들을 보내신 목적은 세상을 구원하시려는 것이었다(요 3:17). 예수께서 십자가에서 죽으시며 "다 이루었다"라고 하신 것은(요 19:30), 하나님께서 그를 통해 계획하신 죄에서의 구원을 완성하셨기 때문이다(요 17:4). 기독교 신앙의 시작은 믿음이며, 죄에서 구원받은 이후에는 예수께서 우리에게 주신 명령에 따라 살아야 한다. 예수를 믿는 자들에게는 영생이 주어지지만, 예수께 순종하지 않는 자들은 영생을 보지 못하고 오히려 하나님의 진노를 받게 될 것이다(요 3:36). 아담의 불순종으로 사망이 들어온 것처럼, 예수께서 주신 사랑의 명령에 불순

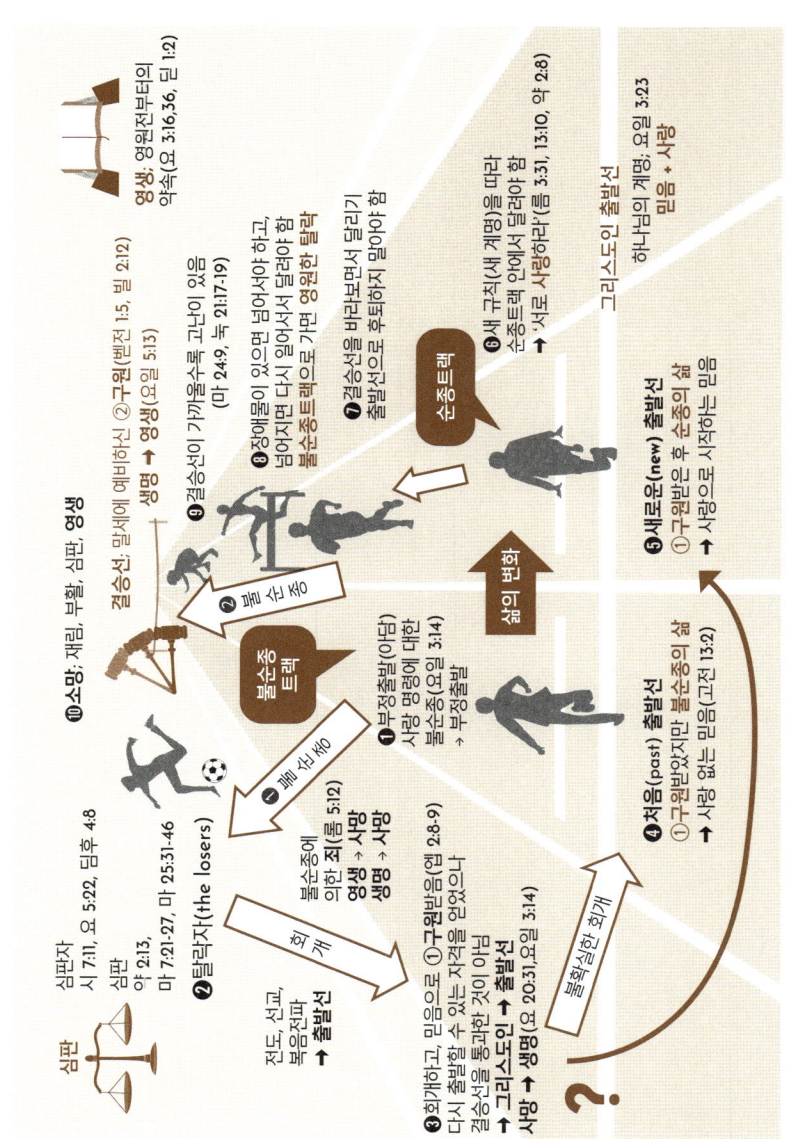

종하는 자들은 영원한 사망에 이르게 될 것이다(살후 1:8-9).

예수께서는 주기도문을 통해 악에서 구원받는 것을 가르치셨다. 어떤 사본에는 "악한 자에게서도"라고 기록되어 있는데, 이는 마귀(사탄)를 뜻한다. 그리스도인은 믿음에 굳게 서서 마귀를 대적해야 하며(벧전 5:9), 하나님께 복종할 때 마귀는 도망간다(약 4:7). 하나님께서는 순종하는 자에게 이러한 구원(②)을 말세에 나타내시기로 예비하셨다(벧전 1:5). 예수께서는 하나님의 아들이시지만 고난을 당하심으로 순종을 배우시고 완전하게 되셨으며, 자기에게 순종하는 모든 사람에게 영원한 구원(②)의 근원이 되셨다(히 5:8-9). 마지막 심판에서 고소자는 사탄이며(계 12:9-10), 우리는 고소를 받는 피고인이다. 그리고 재림의 주님은 재판장으로서(딤후 4:8) 사랑의 명령에 대한 순종 여부에 따라 심판하신다.

'순종을 통해 말세의 구원(②)에 이르는 것'을 사람이 이룬 공로로 여긴다면, 이는 하나님의 구원의 영역을 침범하는 잘못된 결론에 이르게 된다. 그러나 그리스도인이 진리에 순종하는 것은 인간의 의지에서 비롯된 것이 아니라 성령의 역사로 이루어지는 것이다(벧전 1:22, 흠정역 KJV).

개정 벧전 1:22 너희가 진리를 순종함으로 너희 영혼을 깨끗하게 하여 거짓이 없이 형제를 사랑하기에 이르렀으니 마음으로 뜨겁게 서로 사랑하라

흠정역 벧전 1:22 너희가 성령을 통해 진리에 순종함으로 너희 혼을 깨끗하게 하여 거짓 없이 형제들을 사랑하기에 이르렀으니 순수한 마음으로 뜨겁게 서로 사랑하라

KJV 1 P 1:22 Seeing ye have purified your souls in obeying the truth through the Spirit unto unfeigned love of the brethren, see that ye love one another with a pure heart fervently:

비록 사람이 진리에 순종했다 하더라도, 그것은 성령에 의한 것이므로 자랑할 것이 없다. 예수께서는 순종한 사람이 가져야 할 자세를 가르쳐 주셨다. 종이 주인의 명령을 다 행했다고 해서 주인은 종에게 감사하지는 않는다. 그러므로 종들은 명령을 받은 대로 모두 행하고 나서, "우리는 쓸모없는 종입니다. 우리는 마땅히 해야 할 일을 하였을 뿐입니다"라고 해야 한다(눅 17:9,10). 순종은 당연히 해야 할 의무이지 공로가 될 수 없다. 도리어 순종하지 않는 사람은 주님의 명령을 거역하는 죄를 범하는 것이다.

믿음을 가진 사람은 하나님의 안식에 들어가도록 힘써야 한다.

그러나 명령에 불순종하는 사람은 하나님의 영원한 안식에 들어가지 못한다(히 3:16, 4:11). 그러므로 우리는 하나님께 항상 순종하며 두렵고 떨리는 마음으로 자신의 구원(②)을 이루어 나가야 한다(빌 2:12). 이 구원은 말세에 나타나도록 예비하신 구원(②)이다.

<u>믿음으로 얻는 구원(①)(엡 2:8,9)과 순종으로 이르게 되는 구원(②)(빌 2:12, 벧전 1:5)</u>의 차이를 보여 주는 성경 구절이 있다.

롬 13:11 또한 너희가 이 시기를 알거니와 자다가 깰 때가 벌써 되었으니 이는 이제 우리의 구원이 처음 믿을 때보다 가까웠음이라

예수를 믿어 받는 구원(①)은 즉각적이다. 그러나 "처음 믿을 때보다 우리의 구원(②)이 가까웠다"라고 한 구원은 믿음으로 받는 구원(①)과는 다르다. 시간이 흐르면서 가까워지는 구원(②)은 예수께서 알려 주신 길을 따라 순종하며 나아갈 때 마지막 때에 얻게 된다. 예수께서는 자기에게 순종하는 모든 자에게 영원한 구원(②)을 주시지만(히 5:9), 순종하지 않는 자는 영생을 얻지 못한다(요 3:36).

믿음으로 구원(①)받은 자들은 영적 여정의 출발선에 선 것일 뿐, 아직 결승선을 통과한 것이 아니다. 그러나 예수를 믿으면 곧바로 천국에 들어간 것이라고 하는 왜곡된 신앙 이론이 퍼져 있는 것 같다.

예수께서 말씀하시기를 "나더러 주여 주여 하는 자마다 다 천국에 들어갈 것이 아니요, 다만 하늘에 계신 내 아버지의 뜻대로 행하는 자라야 들어가리라"(마 7:21)고 하셨다. 또한 예수님의 말씀을 듣고 순종하여 행하는 자만이 천국에 들어갈 것이라고 하셨다. 이 말씀에 비추어 볼 때, 믿음으로 구원받은 자는 천국에 들어갈 기회를 얻은 것에 불과하다는 사실을 깨달아야 한다.

우리 그리스도인이 서게 될 신앙의 출발선은 두 가지가 있다. 하나는 구원을 받았으나 예수께서 명하신 사랑의 순종의 길을 걷지 않고 오직 믿음으로만 출발하는 것이다(그림❹). 다른 하나는 믿음으로 구원을 받은 뒤 예수의 명령인 사랑을 실천하며 신앙 생활을 시작하는 것이다(엡 2:8-10, 그림❺). 전자는 아담이 보여 준 불순종의 예처럼 하나님께 대한 불순종에 머무는 '불순종 트랙'이며, 후자는 믿음의 삶을 사랑의 실천으로 이어 가며 예수의 명령에 순종하는 '순종 트랙'이다.

사랑 없는 믿음으로 출발하면(그림❹), 아담의 불순종을 따라가는 부정 출발이 된다. 믿음만을 강조하며 믿음으로 모든 신앙을 이룰 수 있다고 주장하지만, 이는 성경적이지 않다. 산을 옮길 만한 믿음이 있어도 사랑이 없으면 그 믿음은 무의미하다. 내가 가진 모든 것으로 구제하거나 내 몸을 불사르게 내줄지라도 사랑이 없으면 아무 유익도 없다(고전 13:2-3). 그러므로 사랑의 명령을 무시하고 믿음의 구원(①)에만 머물러서는 안 된다.

이를테면 '믿음'은 신앙의 육상 경기에 참가하는 사람이 받은 등록번호와 같다. 믿음으로 경기를 시작한 사람은 '사랑하라'는 계명을 실천하며 순종 트랙을 따라 소망의 결승선을 향해 전력 질주해야 한다. '믿음'을 가지고 '소망'을 목표로 삼아 '사랑'의 행위로 달려가야 한다. 이 세 가지 중에서 '사랑'을 실천하는 순종이야말로 그리스도인에게 가장 중요하다(고전 13:13).

구세주로 오신 예수께서는 '서로 사랑하라'는 새 계명을 주시며 신앙의 여정을 위한 새로운 규칙을 제시하셨다. 기독교 신앙은 믿음에서 출발하여 사랑을 실천하며 나아가야 한다. 만일 믿음에만 머무는 자가 있다면, 그는 근시안이거나 앞을 보지 못하는 사람이며 자신의 옛 죄가 깨끗해진 것을 잊어버린 자이다(벧후 1:5-9).

하나님을 사랑하는 사람은 하나님의 명령을 지키며(신 11:1,22; 19:9; 30:16, 20; 수 22:5), 형제를 사랑해야 한다(요일 4:20,21). 예수께서는 아버지께서 명령하신 대로 행하시어 하나님을 사랑하는 본을 보여 주셨다(요 14:31). 주님의 명령을 지키지 않으면서 주님을 사랑한다고 말하는 자는 거짓말쟁이다.

하나님의 계명은 그 아들 예수 그리스도의 이름을 믿고, 예수께서 우리에게 주신 계명대로 서로 사랑하는 것이다(요일 3:23). 다시 말하면 믿음과 사랑을 실천하는 것이다. 그러므로 그리스도인은 하나님과 예수의 새 계명인 믿음과 사랑을 따르며 새로운 신앙의 출발선에서 시작해야 한다(그림❺). 예수를 믿고 구원받은 후 서로 사랑하라는 명령을 따르지 않으면, 그것은 불순종(❶)이다.

세상에는 예수를 모르는 사람들이 있고, 또는 예수를 믿다가 신앙을 포기한 탈락자들(그림❷)도 있다. 이들을 다시 신앙의 길로 이끌기 위해 전도와 선교, 그리고 복음 전파가 반드시 필요하다. 이렇게 해서 탈락자들은 신앙의 육상경기 출발선에 다시 설 수 있게 된다. 그러나 사랑 없는 믿음으로 처음 출발선(그림❹)에 선다면, 예수께서 주신 새 규칙을 따르지 않는 것이므로 '불순종 트랙'에서 출발하는 것이다. 따라서 신앙의 출발부터 믿음과 사랑을 겸

비하여 새 규칙을 따라 결승선을 향해 달려가야 한다. 그렇게 해야만 신앙의 여정을 올바르게 시작할 수 있으며, 결승선을 향해 바른 길로 나아갈 수 있다.

진정한 그리스도인은 입술로만 회개하는 것이 아니라 불순종에서 순종의 삶으로 변화해야 한다. 만약 삶의 변화가 없다면, 그것은 진정한 회개가 아니라 불성실한 회개이다. 성경의 호세아서가 바로 그 예를 보여 준다.

> 호 6:1 오라 우리가 여호와께로 돌아가자 여호와께서 우리를 찢으셨으나 도로 낫게 하실 것이요 우리를 치셨으나 싸매어 주실 것임이라
> 2 여호와께서 이틀 후에 우리를 살리시며 셋째 날에 우리를 일으키시리니 우리가 그의 앞에서 살리라
> 3 그러므로 우리가 여호와를 알자 힘써 여호와를 알자 그의 나타나심은 새벽 빛 같이 어김없나니 비와 같이, 땅을 적시는 늦은 비와 같이 우리에게 임하시리라 하니라

그 당시 이스라엘 백성은 "하나님께 돌아가자"라고 외치며, "하나님께서 우리를 다시 회복시켜 주실 것"이라는 희망을 가졌다.

그들은 "하나님께서 이틀 후와 셋째 날에 우리를 다시 일으켜 세우실 것이며, 우리가 그분 앞에서 살게 될 것이다"라고 확신했다. 또 "하나님을 알자, 힘써 알자"라고 구호를 외치며, "하나님께서 우리에게 다시 나타나셔서 은혜를 베푸실 것"이라고 믿었다. 그러나 이들의 태도는 죄에 대한 고백도 없이 상투적인 말만 되풀이하며, 삶의 변화를 동반하지 않은 채 단순히 회복만을 기대하는 모습이었다. 이처럼 진정한 회개 없이도 구원에 이를 것이라 생각했던 것이다.

그러자 하나님께서 말씀하셨다. "내가 너희를 어떻게 하랴? 나를 사랑한다는 너희의 마음은 아침 안개와 같고, 덧없이 사라지는 이슬과 같구나. 그래서 내가 예언자들을 보내어 너희를 산산조각 내었으며, 나의 입에서 나오는 말로 너희를 책망하였고, 나의 심판은 번개처럼 너희 위에 빛났다. <u>내가 바라는 것은 변함없는 사랑이지 제사가 아니다.</u> 불살라 바치는 제사보다 너희가 하나님을 아는 것을 더 원한다." (호 6:4-6)

새로운 출발선에서 달려야 할 '순종 트랙'에서는 예수께서 주신 사랑의 계명이 육상경기의 새 규칙이 되었다(그림❻). 사랑은 율법의 완성(롬 13:10)이며, 최고의 법(약 2:8)이다. 믿음은 율법을 폐하는 것이 아니라 오히려 사랑을 통해 율법을 완성하는 것이다(롬 3:31). 그러므로 믿음과 사랑을 함께하여 '순종 트랙'을 달려야 한다.

 육상 경기를 시작할 때는 올바른 결승선을 미리 알려 주어야 한다. 결승선에는 예수의 재림, 잠자는 자들의 부활, 심판, 그리고 심판 후의 영생이 있다(그림❿). 이것이 그리스도인의 소망이 되어야 한다. 결승선을 정확히 알고 출발해야 목표를 향해 흔들림 없이 달릴 수 있다(고전 9:26).

 그러나 미혹하는 자들은 재림, 부활, 심판을 말하는 사람들을 '종말론자'라 매도하며 목표를 올바르게 제시하지 못하게 한다. 이단들은 마지막 때를 왜곡하였고, 교회는 마지막 때에 대한 교육을 소홀히 하여 결국 올바른 종말에 대한 지식이 부족하게 되었다.

 선수는 자신이 올바르게 달리고 있는지 '순종 트랙'을 확인하며 벗어나지 않아야 한다. 우리는 주님의 명령인 서로 사랑하라는 자비의 행위를 실천해야 한다. 사랑의 명령에 순종하며 나아갈 때, 그 길 끝에서 결승선을 만나게 될 것이다(그림❻). 오늘날 행함을 강조하면 마치 율법주의자로 여기는 경향이 있다. 그러나 믿음으로 그리스도인이 된 사람이 믿음에만 머물러 있다면, 그것은 출발선에 가만히 서 있는 것과 같다. 이는 마치 무빙워크(moving walk) 위에 서 있으면 저절로 결승에 도달할 것이라고 믿는 것과 같다. 그러므로 그리스도인은 최선을 다해 사랑의 실천인 자비를 베푸는 행위로 달려야 한다. 사랑의 행위로 인해 믿음은 완전(perfect)하게 될 것이며(약 2:22), 그가 베푼 사랑, 곧 자비로 인해 마지막 심판에서 승리자가 될 것이다(약 2:13).

아무리 달리기 속도가 세계 신기록일지라도 결승선이 아닌 다른 방향으로 달리고 있다면 그는 실격이다. 하나님께서 결승선 너머에 예비하신 것이 그리스도인의 소망이며, 그것이 신앙의 방향이 되어야 한다. 그러므로 우리는 자신의 욕망을 절제하며 훈련을 통해 영원한 월계관을 얻기 위해 달려가야 한다(고전 9:25).

육상경기를 하기 위해서는 먼저 기초 체력을 쌓고, 예상치 못한 장애물을 넘는 훈련도 해야 한다. 비록 넘어지더라도 다시 일어나 끝까지 경기를 완주해야 한다. 그러나 순종 트랙을 벗어나 다른 트랙으로 들어가면 실격이다(그림❽). 출발선에서 불순종(❶)할 경우에는 다시 출발할 기회가 주어질 수 있지만, 달리는 도중 불순종(❷) 트랙으로 넘어가면 마지막 심판에서 영원히 탈락하게 된다. 그러므로 우리는 순종 트랙을 벗어나지 않도록 항상 주의해야 한다.

지금까지 잘 달려왔더라도, 진리를 따르지 못하게 미혹하여 불순종(❷)하게 만드는 자가 있음을 알아야 한다(갈 5:7). 순종하지 않는 자는 더 이상 하나님의 자녀가 아니며, 사탄의 자녀이다(엡 2:2). 사탄은 아담을 미혹하여 불순종(❶)하게 함으로써 영생 대신 사망을 주었다. 또한 그는 믿음으로 영생을 향해 나아가는 자들마저 불순종하게 만들어 자신의 자녀로 삼으려 한다. 이로 인해 사람들은 오직 믿음만으로도 저절로 사랑하게 될 것이라는 착각에 빠진다. 그러나 성경은 믿음이 행함과 함께 일하며, 사랑의 행함으로 믿음이 완전해진다고 가르친다(약 2:22).

신앙 생활에서 할례나 무할례와 같은 외적인 조건은 큰 의미가 없지만, 그리스도 예수 안에서는 사랑으로 나타나는 믿음이 가장 중요하다(갈 5:6). 그러므로 모든 그리스도인은 믿음에서 시작하여, 믿음에 덕을, 덕에 지식을, 지식에 절제를, 절제에 인내를, 인내에 경건을, 경건에 형제 우애를, 형제 우애에 사랑을 더하며 모든 노력을 기울여야 한다(벧후 1:5-11). 그리하면 하나님의 신성한 성품에 참여하게 되고(벧후 1:4), 영원한 나라에 들어갈 충분한 자격을 얻게 될 것이다(벧후 1:11).

예수를 믿고 진리를 깨달았다고 해도 일부러 죄를 지으면, 죄를 용서받기 위한 제사가 더 이상 남아 있지 않다(히 10:26). 한 번 빛을 받고 하늘의 은사를 맛보며 성령을 받고, 하나님의 선한 말씀과 장차 올 세상의 권능을 경험한 사람들이 타락하면, 그들을 새롭게 하여 회개에 이르게 할 기회가 없다. 이는 그들이 하나님의 아들을 다시 십자가에 못 박고 공개적으로 욕되게 하기 때문이다(히 6:4-6). 그러므로 의의 길을 알고도 받은 거룩한 계명을 저버린다면, 차라리 그 길을 알지 못했던 편이 더 나았을 것이다(벧후 2:21). 그렇기에 달음박질하는 그리스도인은 자신을 돌아보아 순종 트랙을 달리고 있는지 늘 점검해야 하며, 결코 불순종 트랙에 들어가지 않도록 주의해야 한다.

처음에는 하나님께서 직접 심판하셨지만, 마지막 날의 모든 심판은 아들에게 맡기셨다(요 5:22). 그러므로 의로우신 심판장이신 예수께서 마지막 때에 심판을 행하실 것이다(딤후 4:8). 주님께서는 새 계명을 따라 신앙 생활을 충실히 한 자에게 의의 면류관을 주실 것이다.

달리기를 시작할 때에는 큰 어려움이 없지만, 결승선에 가까워질수록 지치고 힘들어 포기하고 싶어질 수 있다. 이럴 때는 결승선이 얼마 남지 않았음을 기억하며 남은 힘을 다해 달려야 한다(그림❾).

말세에는 예수의 이름 때문에 모든 민족에게 미움을 받을 것이다(마 24:9, 눅 21:17-19). 그러나 예수께서는 이러한 고난을 복이라고 말씀하셨다(마 5:10-12). 성도는 그리스도의 고난에 참여함으로 기뻐해야 하며, 그리스도의 이름으로 치욕을 당하는 사람은 복 있는 자이다(벧전 4:13,14).

마지막 때에 그리스도인으로서 받는 박해는 하나님께서 허락하신 복된 고난이다. 고난을 받는 사람은 신실한 그리스도인으로서 고난을 받을 자격을 갖춘 것이다. 그러나 마지막 때에 고난이 없는 그리스도인이 있다면 그의 신앙의 진실성을 다시 점검해 보아야 한다.

사랑의 계명을 순종하여 새 규칙대로 경기를 하면 결국 영원한 구원에 이르게 될 것이다(빌 2:12). 이것이 말세에 나타나도록 예비된 구원(②)이다(벧전 1:5). 믿음으로 구원(①)을 받은 그리스도인은 사망에서 벗어나 생명을 얻은 것이며(요 20:31), 영생의 약속을 다시 받은 자들이다(요 3:16). 그러므로 구원(①)받은 이후에는 사랑의 계명에 순종하여 영생의 길로 나아가야 한다(요 3:36, 요일 5:13).

예수를 믿음으로 사망에서 생명으로 옮겨갔으며, 또한 믿음과 함께 형제자매를 사랑하는 것도 사망에서 생명으로 들어가는 길이다. 만일 사랑하지 않으면 생명에 들어가지 못하고 사망에 머무르게 된다. 형제를 사랑하지 않고 미워하는 사람은 살인하는 자이며, 살인하는 자에게는 영생이 없다. 예수께서 우리를 위해 목숨을 버리신 것처럼 우리도 형제들을 위하여 목숨을 버리는 사랑을 실천해야 한다. 자비를 진실하게 행할 때 우리는 진리에 속한 자가 될 수 있다(요일 3:14-18). 믿음과 사랑의 연합은 사망에서 생명으로, 생명에서 영생으로 나아가는 데 필수불가결한 요소임이 분명하다.

부활에 대하여, 예수를 증언하고 하나님의 말씀을 전하다 순교한 자는 첫째 부활에 참여하게 된다(계 20:4). 부활을 믿는 그리스도인에게 죽음은 끝이 아니며, 그 이후에는 부활의 영광이 기다리고 있다. 그러므로 그리스도인이 마지막 때에 받게 될 죽음의 고난은 저주가 아니라 복임이 분명하다.

결승점에 도달한 이후에는 재림과 부활, 그리고 심판이 있다(그림❿). 재림의 시기는 아무도 알 수 없으나 주님께서는 속히 오시리라고 말씀하셨다(계 22:7,12,20). 재림의 때가 10년 후일지 50년 후일지는 알 수 없으나, 그리스도인은 반드시 '오늘'이라는 시간에 재림의 주님을 맞이할 준비를 해야 한다. 그러므로 매 순간을 주님께서 오실 날로 여기며 깨어 살아야 한다.

주님의 재림 때에 예수 안에서 잠자는 자들이 부활하여 함께 오게 될 것이다. 그들은 죽기 전에 행한 선과 악에 따라 각각 다른 부활을 맞이한다. 선을 행한 사람은 생명의 부활로, 악을 행한 사람은 정죄의 부활로 나오게 될 것이다(요 5:29). 한글 성경에는 '악한 일을 행한 사람은 심판의 부활로 나올 것'이라고 기록되어 있으나, NIV에서는 be condemned(정죄)로, KJV에서는 the resurrection of damnation(지옥의 부활)으로 기록되어 있다. 결국 각 사람은 부활 이후 자신이 행한 행위에 따라 심판(judgment)을 받게 된다.

자비는 심판을 이긴다(약 2:13). 그러므로 예수를 구세주로 영접한 것만으로 천국에 들어갈 수 있는 것이 아니라, 주님의 명령에 따라 자비를 행해야 한다(마 7:21-27). 마지막 때에 예수께서는 하늘의 모든 천사들과 함께 세상에 오셔서 모든 민족을 모아 양과 염소로 나누시는 심판을 행하실 것이다. 그때 자비를 행한 여부에 따라 영생과 영벌로 구분하신다(마 25:31-46).

또한 죽음을 두려워하지 않고 예수를 증언하며 복음을 전하다가 순교한 자들은 첫째 부활에 참여하게 되며, 마지막 심판을 받지 않고 둘째 사망의 지배를 받지 않을 것이다. 그러므로 첫째 부활에 참여하기를 원한다면, 죽음을 두려워하지 말고 담대히 온 세상에 복음을 전해야 한다.

신앙의 육상경기를 통해 각자는 현재 자신이 어떤 위치에 있는지 돌아보아야 한다. 믿음에 의한 구원만을 강조하며 출발선에 머물러 있는 어리석음에서 벗어나야 한다. 예수 그리스도의 계명에 순종하며 새로운 출발선에서 결승선을 향해 나아가야 한다. 비록 넘어지더라도 순종 트랙에서 벗어나지 말고 목표를 향해 끝까지 달려야 한다.

사도 바울은 달려갈 길을 다 달리며, 주 예수께 받은 사명인 하나님의 은혜의 복음을 증언하는 일을 마칠 때까지 자신의 목숨을 조금도 아끼지 않는다고 말했다(행 20:24). 우리도 선한 싸움을 싸우고 달려갈 길을 끝까지 달리며, 믿음을 지키고 사랑의 계명에 순종해야 한다(딤후 4:7).

사도 바울은 자신의 몸을 절제하며 굴복시켜 신앙의 육상경기를 했다. 그는 탈락자들에게 전도와 선교, 복음을 전한 후라도 자신이 믿음과 사랑의 행함으로 달려야 할 '순종 트랙'에서 벗어나면 주님께 버림받아 영원한 실격자가 될 것을 알고 있었다. 그러므로 그는 달음박질하다 중도에 탈락하지 않도록 자신의 몸을 쳐 복종시켜 끝까지 신앙의 육상경기를 완주하려는 의지를 드러냈다(고전 9:27).

하나님의 약속에서 멀어진 자들에게 전도와 선교, 복음을 전하여 믿음에 의한 구원의 진리를 받아들이도록 하는 것은 매우 중요하다. 동시에 주님께서 명령하신 사랑을 실천하는 사람이 천국에 들어간다는 것을 가르쳐야 한다(마 7:21-27). 순종 트랙을 따라 달려가면 결승선에 도달하게 될 것이며, 그곳에서 마지막 때에 나타나도록 예비하신 구원(②)을 만나 영원 전부터 약속된 영생이 회복될 것이다.

바울은 육상경기에 참여하는 선수에 비유하여, 마지막 때에 의로우신 재판장이신 주님께서 썩지 않을 면류관을 주실 것을 내다보았다. 우리는 보이는 것이 아니라 보이지 않는 것을 바라보아야 한다. 보이는 것은 잠깐이지만, 보이지 않는 것은 영원하기 때문이다(고후 4:18).

하나님께서 약속하신 영생의 소망을 품고, 각자가 가야 할 신앙의 여정을 성실히 달려가기를 바란다.

자기 평가 및 결심

1. 육상경기에서 부정 출발한 선수는 새로운 출발의 기회를 얻을 수 있지만, 경기를 진행하다가 규칙을 어기면 다시 시작할 기회 없이 탈락하게 된다. 기독교 신앙에서도 이 원리가 그대로 적용된다.

> *첫 사람 아담은 하나님의 명령을 어겼고, 의로우신 재판장이신 하나님께서는(시 7:11) 영생을 소유했던 아담에게 사형 선고를 내리시며 그가 생명나무의 열매를 먹지 못하도록 막으셨다. 그러나 예수 그리스도를 영접하면 새로운 출발의 기회를 주시고 사망에서 생명으로 옮기게 하신다. 하지만 예수를 영접한 후에도 타락한 사람은 하나님의 아들을 다시 십자가에 못 박아 욕되게 한 것이므로 더 이상 속죄함을 받을 수 없다(히 10:26-29, 히 6:4-8). 하나님께서는 심판을 아들에게 맡기셨으므로(요 5:22), 마지막 심판을 주관하시는 분은 의로우신 재판장이신 예수이시다(딤후 4:8). 그리고 주님께서는 자신의 명령에 대한 순종 여부에 따라 사람들에게 영생과 영벌을 주실 것이다(약 2:13, 마 7:21-27, 마 25:31-46).

2. 운동 경기를 하는 사람은 규칙을 지키지 않으면 월계관을 받을 수 없다(딤후 2:5). 그렇다면 순종 트랙을 달리는 사람은 경기에서 승리하기 위해 무엇을 해야 할까?

*사랑 없이 믿음만으로 신앙생활을 하는 것은 잘못이다.

*그리스도인들은 삶 속에서 사랑을 행동으로 실천하며, 이를 신앙생활의 원칙으로 삼아야 한다.

*그리스도인들이 달려가야 할 트랙은 예수께서 주신 새 계명인 사랑이며, 이 사랑은 율법의 완성이다.

*재림, 부활, 심판, 영생의 진리를 말씀에 근거해 알고 있어야 하며, 이는 우리의 소망이자 신앙 고백이다.

*믿음으로 시작하여 결승선을 향해 사랑의 행위를 하며 달려가는 선수들이 출발선으로 후퇴하지 않고, 믿음에 의한 구원에만 머물지 않도록 해야 한다.

*믿음으로 시작한 달리기 선수가 사랑을 실천하도록 격려하고 응원해야 한다.

*신앙의 여정에는 장애물이 있을 수 있지만, 실망하지 말고 극복해야 한다.

*누구나 달리다가 넘어질 수 있지만, 그럴 때는 다시 일어나 결승선을 바라보며 달려가야 한다.

*사랑을 실천하는 순종 트랙 안에서만 결승선에 도달할 수

있다.

*사랑의 트랙을 벗어나 불순종 트랙에 들어가면, 결국 마지막에 실격 처리된다.

*결승선에 가까워질수록 전력 질주로 인해 탈진할 수 있다. 마지막 때에는 예수의 이름으로 인한 고난이 예비되어 있다. 극심한 고난이 다가오면 결승선이 가까워진 것이므로, 인내하며 계속 나아가야 한다.

*사랑의 명령에 순종하여 결승선에 도달하면, 말세에 나타나도록 예비된 구원을 맞이하게 될 것이다(벧전 1:5). 죄에서의 구원은 믿음으로 얻는 것이며, 신앙의 여정에서 우리를 탈락시키려는 악의 유혹으로부터의 구원은 순종하며 나아가는 자에게 주어질 것이다.

3. 하나님을 알지 못하며, 하나님의 언약과는 무관한 사람들을 위해 전도와 선교, 복음 전파는 반드시 필요하다. 사도 바울은 다음과 같이 말했다. "나는 내 몸을 쳐서 굴복시킵니다. 그것은 내가, 남에게 복음을 전하고 나서 도리어 나 스스로는 버림을 받는, 가련한 신세가 되지 않으려는 것입니다." (새번역, 고전 9:27) 바울이 이렇게 말한 이유는 무엇일까?

*현재 기독교 신앙의 육상경기에는 두 가지 축이 있다. 하